让喜悦融入生命中看似绝望的部分

情绪垃圾大扫除

CLEARING EMOTIONAL CLUTTER

[美] 唐纳德 · 艾特曼 著

陈正芬 译

SPM
南方出版传媒
广东经济出版社
— 广州 —

图书在版编目（CIP）数据

情绪垃圾大扫除／（美）唐纳德·艾特曼著；陈正芬译．—广州：广东经济出版社，2019.9

ISBN 978－7－5454－6719－2

Ⅰ．①情…　Ⅱ．①唐…　②陈…　Ⅲ．①情绪－自我控制－通俗读物　Ⅳ．①B842.6－49

中国版本图书馆 CIP 数据核字（2019）第 096709 号

版权登记号：19－2017－146

出 版 人：李　鹏
责任编辑：张晶晶
责任技编：许伟斌
封面设计：居　居

"Clearing Emotional Clutter" by Donald Altman
First published in the United States of America by New World Library.

《情绪垃圾大扫除》
Qingxu Laji Dasaochu
［美］唐纳德·艾特曼　著
陈正芬　译

出版发行	广东经济出版社（广州市环市东路水荫路 11 号 11～12 楼）
经销	全国新华书店
印刷	佛山市浩文彩色印刷有限公司 （广东省佛山市南海区狮山科技工业园 A 区）
开本	880 毫米×1230 毫米　1/32
印张	7.75
字数	180 000 字
版次	2019 年 9 月第 1 版
印次	2019 年 9 月第 1 次
书号	ISBN 978－7－5454－6719－2
定价	45.00 元

如发现印装质量问题，影响阅读，请与承印厂联系调换。
发行部地址：广州市环市东路水荫路 11 号 11 楼
电话：（020）38306055　37601950　邮政编码：510075
邮购地址：广州市环市东路水荫路 11 号 11 楼
电话：（020）37601980　营销网址：**http://www.gebook.com**
广东经济出版社新浪官方微博：**http://e.weibo.com/gebook**
广东经济出版社常年法律顾问：胡志海律师

前　言

“别让杂物多到你巴不得家里失火。”

过去堆积的情绪杂物，像不干胶般黏着我们，黏到和自我意识与身份认同难分难解，而这并不让人意外。意外的是，每天的简单练习，可以化解所有黏着的毒物，无论是童年时期的情绪残骸，还是日常生活造成的新的情绪杂物。

什么是情绪杂物？情绪杂物可能是童年遭到排斥，使我们确信自己不值得被爱，也可能是许久以前的家族创伤，至今依旧痛彻心扉，又或是中学某位英文老师直直地盯着你，说出“二流学生永远成不了一流学生”这样不顾他人感受的话。我就遇到过最后这种尖酸刻薄的情绪杂物！尽管当时那位英文老师的话令我既惊讶又难过，但幸好还有其他谆谆教诲的英文老师，而且我也不让这个针对我的情绪杂物黏在自己身上。

表观遗传学（epigenetics）显示（第一部分将会探讨），情绪杂物的影响属于细胞层次，能开启和关闭负责免疫系统与老化的基因。研究甚至指出，痛苦的情绪杂物对人将有很长时间的影响。这个结论令人惊讶，但这表示我们或许会因共依存症（dependency）、奴役、战争（或是屠杀）等，这些好几代以前的家族或种族文化遭到的不公、不义对待，而受到负面影响。

可以确定的是，每个人都带着过去的情绪杂物、创伤等负面情绪，无论这种负面情绪是他人加诸我们，还是我们加诸他人，甚至是我们对自己的伤害，结果很清楚，那就是——旧的情绪杂物，对于调节情绪、体验喜悦、拥有圆满人生等，直接造成不良影响，甚至会抑制免疫功能，影响身体健康。

过去的情绪杂物，像一箱箱塞满心灵阁楼的旧情绪，如果阁楼的东西使我们总是感到无力、对人充满戒心、害怕遭到背叛、伤心难过，以及不快乐，那么，我们就可能看不到生命中美好的事物。反过来说，把阁楼清理得越干净，就越能体验身心健康、快乐和平衡，过着有意义和圆满的人生，因此所有可能妨碍我们专注于目标和梦想的情绪垃圾，都需要被认识、改造、缓冲和规范。

我想分享一个案例，来说明情绪杂物多么黏人。其主人公是玛歌（本书案例的姓名和详细身份都已经过修改），玛歌是位穿着得体的50多岁的妇人，她因为严重忧郁来找我，她的心灵阁楼被家庭的情绪杂物塞满，使她难以感受当下。在和玛歌的初谈中，她不断回到阁楼的某个箱子，再三重复的一句话几乎成了心灵咒语，她几乎是机械式地说："我父亲虐待我，他对我施虐。他从我6岁起，就经常对我说最残忍不堪的话。"

因为这是第一次治疗，我想先对她的人生有更多了解后，再进入特定的议题。于是，我对玛歌的遭遇表达同理心，然后试图引导她。然而，她死盯住过去的遭遇不放，就像车子深陷泥淖。最后我说："玛歌，我发现你一直提到你跟父亲的事，以后我会想对这方面有更多了解。但是现在我想知道，你有没有算过，你在一天当中对自己说过几次这样的话？"

玛歌顿了一下，一手托着下巴直视着我，仿佛刚从深度催眠中醒来（她确实是如此），她点头说："蛮好笑的，你竟然这么问我。我的确曾经试着算过次数，但我每次算着算着就糊涂了。可以确定的是，当我不跟自己说这件事的时候，我快乐多了。"

换个角度，过去尚未解决的情绪，好比一团沉重、庞大的结，玛歌每天拖着这个结在过日子。这个打了结的前尘往事，将她拖离当下，使她无法过健康、快乐的人生，建立健全的人际关系。可以将这种情绪负债比喻成一面肮脏的窗户，玛歌透过窗户，来认知每一天发生的大小事，而这扇窗户污迹斑斑，阻隔了光线的投射。难过的是，她永远看不清真实的世界。

值得注意的是，玛歌一再重复的行为，正是本书要探讨的一种强效的觉察练习，只不过玛歌用反复暗示阻塞情绪，而不是利用它来清除情绪杂物。读者即将发现，正向的强化是运用正念的有效方式，将专注的对象从被困住的惯性思维转移开来。

除了清除旧的情绪杂物，也务必清除企图黏附在我们心中的所有新情绪杂物，这就好比牙结石，新情绪杂物的堆积是个永不停止的自然过程。对许多人而言，面对看似永无止境的新情绪杂物，是让人沮丧且愤怒的事。如果你以为有人能设法避免那些情绪杂物，请再想一想，就连在释迦牟尼的故事里都无法避免情绪和精神的杂物。他年轻时遇到精神杂物，包括因渴求和贪欲生起的情绪杂物，激励他寻找解脱之道。

日常生活的哪些压力使你的生活陷入混乱，制造出新的情绪杂物？无论是真实存在，还是本能意识到的危险。现代生活的步调之快、攫取我们注意的事情之多更胜以往，我们面对的是来自电子邮件、新闻、网络的信息超载，以及愈来愈复杂的生活，例如决定居住、就学、交通、医疗、保险，以及如何支付以上开销等。

担忧生活的重大转变，也可能制造各种情绪残骸。我的另一个案例的主人公理查德，一直为即将退休而担心、焦虑，“这是我有生以来最恐惧的时刻，不知道该怎么办。”他叹气。

不仅仅是面对重大的生活转变，有时候即使是面对到哪里买书、如何买书之类的小事，也需要做出许多选择：在网络书店还是实体书店购买？在独立书店还是连锁书店购买？价钱重要还是方便性重要？买电子书还是纸质书？选择标准寄送方式、两天内送达，还是隔夜送达？用现金、支付宝、信用卡，还是借记卡支付？脑科学告诉我们，一天当中被迫做的决定愈多，就愈容易耗尽脑部能量。也难怪生活中永无止境的小决定会使人精疲力竭。

脑袋不断从各处下载情绪杂物，造成精神杂物堆积，现在请你好好深呼吸，因为这本书将运用现代科学和古老的做法，使你的大脑下载截然不同的东西，让你的情绪步入正轨，帮助你感到安全，丰富你的人生。

如果想管理情绪杂物，最佳起点就是管理你的大脑。

这也是我们接下来要做的事。

清除情绪杂物的正念之道

清除情绪杂物，是要帮大家从过去和现在的痛苦、羞辱、创伤、有害的压力源和情绪杂物中获得疗愈并开心地继续生活，而且不责怪、不惩罚自己，也不要觉得自己很丢脸。我把它想成是“用正念重新启动生活的方式”，也就是清除旧的惯性生活方式和思维。这些方式和思维使我们被困在情绪杂物中无法逃脱。最重要的是，每个人都能学会用正念重新启动生活方式所需要的技巧，而且不用投入大量时间。神经科学告诉我们，即使每天只花几分钟，也可以重新建构脑回路，清除生活中让人生厌的情绪杂物。

本书共分为四个部分。第一部分“认识并清除旧的情绪杂物”，探讨如何察觉各种旧有情绪杂物，并发现这些情绪杂物对生活造成的不良影响，如焦虑、情绪失控。这就像是替计算机重新撰写程序的第一步，大脑好比硬盘，有害的惯性思维好比程序，若是首先没有察觉到破坏硬盘的程序，又如何能期待修好操作系统呢？虽然大脑最初是被你无法掌控的状况塑造的，但其实大脑极具可塑性，我们可以像运动员到健身房塑身一样，重塑“脑部程序”。

此外，你将学会有效的正念技巧或工具，运用注意力，聚焦当下，关掉阻塞情绪的程序，这很像删除硬盘中的档案或清空垃圾桶。当你活在当下，例如通过调整呼吸将身体带回当下，这相当于在执行另一个截然不同的程序，一个有调适能力、会选择大幅转化生命美好体验的程序。换言之，当你将注意力放在培养内心最深层的安全感、价值感、成就感和生命目的时，就是在经营你的内心社交网络。

第二部分“疗愈来自关系、文化和祖先的杂物”，探讨重要的人际关系、家庭议题和不健康的文化杂物。由于脑部的先天构造就是要跟他人接触，因此要清光所有妨碍你亲近他人、关怀他人的情绪杂物，妨碍你从健全的人际关系获得安全感和支持感的情绪杂物。你将练习用提高信赖感和坦诚的方式跟他人沟通，你将发现倾听的力量，了解为何倾听能把难相处的人带来的情绪杂物加以转化。

第三部分“每天去除情绪杂物，以防形成新的情绪杂物”，探索几种有效的做法，防止新的情绪杂物堆积，这部分会提供一些工具，让你管理每天的压力变动。在压力变动的时刻，我们往往对即将发生的事充满不确定感，而自然产生焦虑和情绪杂物，无论是经历人生的重大变动，例如生孩子、搬家、离婚或分手、失业或身体出状况；还是日常的变动，如开车赴约或进入会议室开会等，都有相同的影响。只要在生活中进行以正念为基础、与自然联结，以及简化生活等有效的练习，你将感受到更多喜悦，同时预防新的情绪杂物堆积。

第四部分“用平和、目的和圆满来转变和实现”，带你超越情绪杂物，进入更充实、充满意义的境地，也就是深层的生命目的。这是上天赋予的礼物，生命的意义和意向将合二为一，你将把让内心柔软与治愈旧创伤的能力融入生活，在难解的结捆绑你之前解开它，并且挖掘出睿智的自我。这个探索过程将以积极向上的方式，带给你宝贵的价值。

锻炼清除情绪杂物的正念技巧

在开始清除情绪杂物的旅程之前，你需要利用一种快速的入门技巧。你很可能听过正念（mindfulness），但它究竟是什么意思？正念如何发挥作用？在本书中，你将直接应用一系列技巧，来清除旧的和新的情绪杂物。为了便于理解和运用，我用缩写“对治”（PAIRUP）来表示这 6 个清除情绪杂物的正念小技巧。

当你被情绪杂物压得透不过气时，可以问自己：我该如何对待现在发生的事？深入了解这 6 个重要的清除情绪杂物的正念技巧，你就能带着目的找回情绪的平衡，并且和周遭的人与事物和谐共处。

以下是 PAIRUP 代表的意义：

P—参与当下（present-moment participation）

A—同调的接纳（attuned acceptance）

I—意向性（intentionality）

R—省思（reflection）

U—理解苦的本质（understanding of suffering）

P—有目的的伙伴关系（purposeful partnership）

第一个清除情绪杂物的正念技巧是“参与当下”。当我们的心游荡到过去或未来，往往会产生情绪杂物，正念将你的知觉定锚在此时此地，将注意力从过去的创伤或对未来的持续焦虑中转移开来。哈佛研究人员在一份出版于《科学》杂志（*science*）的研究中，探讨人的心智到处游移的频繁度，发现人的心智有近一半（47%～48%）的时间处在游移状态。然而有趣之处在于，研究发现人在完全参与当下的时候是最快乐的。这份研究中表明，当人在用电脑工作时，心智游移最为频繁；而人们在与他人交谈、运动，以及性行为时，最是活在当下而且快乐的（当然，在以上所有活动中，最好要人到心也到）。

第二个清除情绪杂物的正念技巧是“同调的接纳”。通过接纳，更能安然度过生命中出乎意料的风暴，虽然许多人想要相信自己能掌控所有发生在自己身上的事，但生命往往不可预测，又不停地改变。“同调的接纳”是打从心底接受周遭发生的事，以及内心的感受，如此一来，即使是负面感觉和经验都能使我们从中整合、学习。此外，同调使我们感同身受，与他人有一种深层的亲近感，和他人之间有来有往的互动，这都能帮助我们更真实、更和谐、更愿意支持并理解他人，这些都是建立更亲近且更有建设性的关系的基石。

第三个清除情绪杂物的正念技巧是“意向性”。意向使我们每天做的选择和行动（哪怕是微不足道的），都是有意义的。意向能使每天新产生的情绪杂物减到最少，而不会漫不经心留下烂摊子。做合乎道德伦理的选择，使我们更用心生活，更重视利他和慈悲，减少需索（没错，需索只会造成更多情绪杂物）。

第四个清除情绪杂物的正念技巧是“省思”，也就是向内观照自己的想法和情绪。省思需要深度探索造成情绪杂物的原因，这类探索经常给人带来领悟，使人增长智慧以及自我规范，因为我们是在检视自己的想法和情绪，而不是任其乱窜。当我们省思得够久，不仅能观察到自己的想法和情绪，而且能看到欲望和贪求，后两者总是要我们多看几眼才能清晰地意识到。如果你因为无法控制自己的贪求（例如狂吃）而造成问题，你就会明白以检视贪求取代冲动反应是多么重要的事。省思使我们运用智慧，引导我们向全新的方向前进。

第五个清除情绪杂物的正念技巧是“理解苦的本质”。如果没有真正了解情绪杂物如何附着并进入我们的生命中，又如何奢求减缓甚至停止情绪杂物的形成？只要更清楚地了解苦的根源，就能在根源生长成一大丛具有侵略性的灌木而阻碍我们成长之前，拔除这些根源。我们以为这种依附在某人或某事上的根源会永存不朽，但其实它只是暂时存在。我们无法长久地抓住某件事物，就好比新车的光亮油漆总会变得斑驳，最终褪色。曾经年轻的肉体终究因变老而布满皱纹，就像作词家莱昂纳德·科恩（Leonard Cohen）写的：“我的朋友走了，我的头发白了。我想念曾经游玩的地方。”然而，了解这点并不是要制造让你不开心的情绪杂物，当我们注意到苦恼的诸多原因时，生命也变得更丰富。因此，理解苦的本质能产生好的影响：拔除悲痛的原因，因为认识和接纳而感到愉快，或许最重要的是，我们对那些遭遇失落、悲伤和不幸的人们生出慈悲心。理解苦的本质使我们更慈悲，更具同理心且更博爱，能使我们的内心更柔软，使我们更有人情味，将慈悲带进言语、心和行动中。

最后一个清除情绪杂物的正念技巧是“有目的的伙伴关系”。本书最后探索如何把中心目的带进我们与他人和世界的伙伴关系。生命的目的，是让最深层的价值成为重心，因而提升我们的存在感，每天检视自己，使自己认清全局，知道什么才是最重要的。当自己的目的与被启发的伙伴关系结合时，将迅速成长，并开花结果。正确认识伙伴关系就是认可我们所做的一切都是与其他事物产生关联的。

使用任何一种正念技巧，其实都是在实践所有的技巧。每一种技巧都使我们更清楚地觉知哪些是带来痛与苦的情绪杂物，哪些能带来喜悦和圆满。这 6 种技巧就像车盖底下的引擎，你看不到它，但想前往目的地绝对少不了它。本书不尽然直接指明这些原则，但它们都存在并融合于书中提到的实用生活工具中，当你需要的时候，请回头参考 PAIRUP 这个万用提示，它会告诉你如何集中注意力。

从此时此地开始

我曾听嘉年华负责招揽顾客的人对群众说："往前一步，身体自然会跟上来！"这对于开启任何旅程来说，都是再好不过的建议。你只需要踏出第一步，而你在读完这几页时，就已经完成了。大部分的旅程，很容易会将注意力放在结果上。我们或许会想替旅程打分数，评判自己的成败。殊不知放下期待，单纯体验旅程本身，不受内心批判的限制或阻碍，反而使我们更自由。要相信，只要进入旅程，你就终将到达目的地。

我们有幸活在这个时代，因为先人的智慧获得了现代科学的证实，借由古今知识，我们得以做出这些觉知上的重要转变。古老的神秘主义者早就推测，寻得领悟、宁静和满足属于内在功夫，因此要利用各种不同的冥想工具。我们将使用这些冥想工具，来解决 21 世纪的情绪杂物。

移除生命的情绪杂物，寻得圆满和满足或许并不容易，但也不是痴人说梦，这是我们最大的天赋，也是人类与生俱来的潜能。每个人都做得到，不需要钻进洞穴里打坐，你可以在你家后院进行，把生活呈现在你面前的种种状况当作功课。

还有比此时此地更好的起点吗?

目　录

PART1　认识并清除旧的情绪杂物

身心就像一个人的容器。

过去附着的情绪残骸可能净化或洗涤你的觉知，也能使你陷溺其中，使觉知受到遮蔽。

在这个部分，读者将学会洗涤觉知，并且清空容器中陈旧、顽强的心灵创伤与强加在自己身上的信念。要做到这点，你的心需要从情绪和精神层面彻底提振起来。

第一章　别再乘坐情绪的升降梯

“请帮助我爱上缓慢的进展，
不带偏见，
认为向上比向下好，或者向下比向上好，
请帮助我享受不上不下的乐趣。”

你如愿获得大升迁，买到梦寐以求的房子，你觉得自己好棒，别人也称赞你，升降梯往上爬升。

如果事情不如你的意，你生了病，伴侣离你而去，你认为自己不够好，朋友对你的信息已读不回，升降梯往下滑落。

觉醒是让你走出升降梯的通行证，能认清启动升降梯的意义。这个不可思议的天赋，让你突然领悟真正的奖赏是没有这些按钮，而不是一个劲地按它们，就像实验室的老鼠想得到奖励，或避免被电击。

的确，乘坐升降梯或许让人兴奋，但也可能很累人，耗费精力。你准备好走出升降梯了吗？如果是的话，你就已经准备好接受这份特别的礼物，从过去情绪的瓦砾堆中走出来。完全的觉醒是通往喜悦和宁静之道。

☆

夏天的空气沉重，大厅充满湿气。我在纽约州北部，和75个人一起参加为期十天的修行。我闭着双眼，已经打坐超过半小时。随着腹部的膨胀和收缩，觉知自己的吸气和呼气，我的内心宁静、平和，接着……

一声突如其来的巨响，像轰隆的雷声般划破宁静，带领我们的禅师拍手，大声喊出一个单音，听起来像是“佩——啊”。在这骚动过后，他一个音节一个音节地说：“谁在听？谁在那里？是谁在坐？谁在冥想？是谁、是什么按下你的按钮，使你高兴或不高兴？哪里来的声音在评断一切？谁？什么？哪里？”

禅师的问题就像电光火石般穿透我的意识。我认同的自己，到底是什么样的人？真的有人在这里吗？在我脑中，听起来不太像我真正声音的声音，究竟从何而来？那声音似乎不想停，一直在寻求我的注意和认可，而这也是当时我去修行的原因之一。

有那么一时半刻，我脑袋里的轮子停止转动，它们就是无法推算出禅师这难以理解的问题。在一阵短暂的空白，或许是在恼怒中，我的心智关闭，只剩下觉知①。自我不断发出的说话声和捏造的故事停了下来，“我”不再妨碍我自己，只有广大觉知，如此而已。只有空白，只有临在②。

☆

禅师的一连串问题，或许让人难以接受。特别是生活在这样的文化——不，整个世界都是——个性鲜明的人才上得了电视，积极主动和个人创造力是可贵的特质，不断刺激导致很少有人能理解静思和向内观照的重要性，甚至会尽量避免这么去做。

事实上，弗吉尼亚大学与哈佛大学的心理学家发表在《科学》期刊上的研究指出，人其实很不喜欢跟自己的念头共处。当人被要求在实验室或家中的密闭空间跟自己的念头共处6 ~ 15分钟时，有三分之一至半数的受试者会作弊，不是听音乐就是“滑手机”。稍后的一份研究中，研究人员将受试

---

① 觉知，包括觉和知，“觉”是感（感触、触碰）的过程，“知”是反应（接收）的过程。如触电的“觉”是接触的方式，“知”是麻木反应。

② 临在（Presence）是指有觉察力地专注于当下，活在当下。

者安置在一个房间，他们可以选择跟自己的念头共处，或是自愿对自己施以电击，结果有半数的人选择对自己进行电击。

在没有某种刺激的情况下处在某个空间，真的那么可怕吗？假如必须做出这样的选择，你会怎么做？独自一人的时候，你会做什么？你担心无事可做的时候，会想起那些你不想看到的情节，这点完全可以理解。为了证实每个人的心智有能力把自己吓得半死，研究人员针对五大洲、十三个国家和地区的大学生进行测试，结果公布在《强迫症及相关失调症学报》（*Journal of Obsessive-Compulsive and Relate Disorders*），发现94%的受试者在前三个月有过有害的想法，通常是某种侵入性怀疑。略少于此的人则有过某种讨厌的侵入性想法，这也是为什么我经常把下面这段话，写在办公室的白板上。

在你的念头里你以为的事实，
多半都与事实相去甚远。

想象你坐在马里布海滩一处美丽的沙滩上，这时你突然兴起全世界最焦虑、最担忧的念头。在那处海滩上，除了几个裹着毛巾、晒得黝黑的加州人外，完全没有任何危险，但是一个恐惧的念头却可能带来强大的影响，挟制当下的喜悦和感受。

但是，如果你单纯观察同一个念头，将它视为内心的感觉呢？换句话说，假设你把念头看成身体的一种感觉，只不过它是发生在你的内心，你觉得如何？身体的感觉不等于你，是吗？它是片刻、转瞬即逝的身体感受；同样地，内心的感觉也不等于你，念头是个自然的过程，代表你的脑袋正在转动，而这是件好事。然而，当惯性焦虑的、翻来覆去的念头和贪求等，这些来自过去情绪废墟中的残骸挟持你的大脑，使你感受不到当下时，就不是件好事了。

不要以对抗念头，来向它们宣战，你可以采用正念这种比较圆融或超然的做法。为了更了解这个做法，我访谈了一位长期的禅修者，同时也是《正念电影》（*The Mindfulness Movie*）的导演，保罗·哈里森（Paul Harrison），他说他经历过觉知的重大转移，使人生有了戏剧性的转变。

我年轻的时候有过一个经验，我领悟到“我”不是“自我”。这件事发生在某天的下午。我坐在书桌前，为禅修感到极度挫折，这时我注意到窗外的一棵柠檬树，于是我开始盯着其中一颗柠檬看，直到完全忘了自己。我全神贯注在柠檬上，忘记了时间和周遭的一切，然后我的认知出现瞬间转移，我了解了念头的源头——念头真正在心里产生前的片刻其实是空无。那是一种空的觉知，活生生的、充满且弥散在宇宙的空无。最后，我领悟到“我”只是心智制造的工具，我们以为自己需要它，但我们的内在有着比“我”更深层次的东西。

从此，我的认知改变了，我保持在踏实的状态，以前我会被金钱驱使，现在我知道钱只是工具。改变认知有助于平衡我的人生，也因此在孩子还小、最需要我的时候，我会花更多时间跟他们在一起，我也知道享受高质量的时刻，比许多人花很多时间获取的物质更加宝贵。

从那次的经验后，我再也没有忧郁的倾向，因为我了解到，那只是难过的状态正在通过我的心罢了。有一种超然的觉知，保持对难过的客观性，但这不代表我不会失衡，而是失衡给予了我一种整体的认知，知道自己需要开始回归平衡状态。宇宙通过你的身心觉知它自己，而当你领悟到这点时，就是获得了一份礼物。

醒觉，比挟持者更有远见

广大觉知是你与生俱来的权力，这里没有忧虑、罪恶和恐惧，是力量强大的临在。想象一下这会是什么感觉，这就像是从安全距离来注意着我们的心理状态。保罗的故事说明，走出升降梯的方法，是不要依附“以我为中心”的观点，或者不被其挟制，我经常把“以我为中心”的观点，想成是“我，是我，我的，我所有的”（I，me，my，and mine）。

举例来说，假设你把一桶红色油漆抛向空中，空气会被油漆染红吗？不会的，空气还是空气。广大觉知就像这样，你对来来去去的事所产生的以自我为中心的念头，并不会将它污染。你的念头就像喷溅的油漆，并未真正黏着在空气中。培养广大觉知，就能慢慢脱离“我”这个绑手绑脚的过滤器，不再认同一连串无止境使你保持紧绷且被动反应的念头。心智是处于满足的状态，这种单纯的觉知不做判断，不会评判念头的好坏或界定你是谁，不会使你的感受有任何增减，觉知是不预设立场的单纯观察，让你觉知，处在当下，身心安适。

【生活工具】不再乘升降梯的练习

想走出情绪升降梯，培养广大觉知，并没有特殊的辅助器材。踏出升降梯是一段把心安住、用心感受当下的过程。这个生活工具通过 3 个步骤帮助你做到这点：首先，找到一个能够 5 ~ 10 分钟不被打扰的自然环境（除非是你选择惊吓自己），任何自然环境都可以，如公园，有树或灌木的后院，或有几片草皮的庭院。有云朵的天空也很棒，可以让你凝视远方。

1. 看看你的心能不能在天空和云朵中放空。试着看你能不能在树的茂密枝叶中出神一秒钟。注意“我”在念头和念头之间（哪怕只是几分之一秒），如何渐渐变弱。只有观察者和觉知，只有念头之间的空间。你变得更大，无边无界。多美妙啊！

2. 念头的多寡并不重要。不必等到你办完杂事、工作或完成任务，其实在你想着一大堆要做的事的时候，暂停一下反而比较好。你会注意到内心抗拒安坐和专注。当你坐着时，看着心在做什么，它如何反应，评论、宣告、游移、充满欲望、渴求、逃避、想把身体带到别的地方、在侵入性想法中爆发等。真是一场精彩的内心戏！不要对抗。你甚至可以说：“又见面啰！心。谢谢你给我这些念头。”接着再回到自然环境。

如果你感受到情绪，留意一下是什么情绪，以及你在身体的哪里感受到这些情绪。最后，心会知道你不是要跟它对抗，而且这并不好玩。

3. 无论心有多频繁地产生念头，记得呼吸。缓缓吐气。接着，让目光回来凝视自然。练习多久、何时练习都无所谓，可以在午饭时试着练习一分钟，或是在家里后院练习一小时。练习后，坐下来思考下列问题，建议你把答案写在日志上，这样你在读这本书的时候，可以翻回来参考。

· 你那思维、分析和批判的心，对你有什么妨碍？你如何努力放下它，不抗拒而且超越它？你内心的“我”，为你每天的感受染上什么颜色？

· 单纯看着念头而不反应，是什么样子？

· 当你不再有“我”的观点，你如何描述那些时刻？你能记起人生中曾有过这种经验的时刻吗？

· 你如何利用这个练习，在情绪按钮被按下向上或者向下的时候稳住？

在使用本书的生活工具时，要有耐性，而且对自己慈悲。没有人能完全了解心的本质，因此当你尝试的时候，就得到了 A＋。此外，请记住你不是在试图停止念头，而是在和你的心交朋友，惊叹心的运作方式，并且通过培养广大觉知，让大脑少转些圈圈，走出情绪的升降梯。

第二章　经营内心的社交网络

“如果你能擦去每个人记忆中有关世界运作的方式，
结果会怎样？
在那一刻，一个新世界将诞生。”

你热衷于社交网站吗？你在社交网站等社交网络上所花的时间，通常带给你怎样的感受？你是否注意到自己的心情起伏？你是否注意到，别人的图片、文字会激起你一连串记忆、想法或欲望？许多人使用社交网络，是为了与遥远的朋友和家人保持联系。同样地，我们也需要随时接触我们心中的“帖文”，以及身体传送给我们的实时“简信”，我把这些想成是在经营内心的社交网络。

经营内心的社交网络不外乎使用你拥有的宝贵资源——注意力。你在每个当下运用注意力，使你在世界上生存，别的人和事物或许因为各自的目的，试图攫取你的注意，但终究只有你，才能决定如何利用并且驾驭“觉知”这项天赋。现在就用以下简单的问题来说明：

- 你今天以哪些方式使用过你的注意力？
- 科技抓住你注意力的频率有多少？
- 你满意自己注意的对象吗？
- 你是否运用注意力来帮助你感觉更平衡且更宁静？

注意力是规范情绪及一整天保持情绪平衡所必需的。通过经营内心的社交网络，你对内在和外在任何有害或令你分心的“帖文”，将有更高度的觉知。你会留意身体传给你的紧绷、压力或不自在等微妙的信号，懂得如何转移你的注意力，帮助你找出一些有营养而且正向的文章，使你充满动力、灵感，而且跃跃欲试。经营内心的社交网络，你更能洞悉自己的心情，感知身体的情绪，并且在当下重新恢复平衡时，采取中立观察者的态度。要做到这点，就要重新塑造与脑部产生联结的方式。

如果你缺乏经营内心社交网络的技巧，可能会陷溺在过去的负面泥淖中无法自拔。英国某项同类的大型研究显示，研究人员分析超过 32000 位参与者，让他们在线填写一份关于压力与重复自我贬抑想法的调查，结果发现个人和家庭经历过创伤，是忧郁和焦虑的最大的两种可预测因素。但有个使压力不致失控的关键变量，而这个缓和压力的变量，就是一个人对压力的“认知”。如果你深信自己应付不了某个高压状况，那么你就真的应付不了。然而，如果你转移注意力，站在一段距离外看待当前的状况，就可以好好思考，并做出不同的评估。你可以说：“确实压力蛮大的，但我以前就妥善处理过类似的状况，而且我找得到资源，帮助我安然渡过难关。”这份研究的首席研究员彼得·金德曼（Peter Kinderman）教授说：“虽然我们不能改变一个人的家族史或生命历程，但却可能帮助一个人改变他们的想法，教导他们正向积极的适应策略，来缓和并且降低压力的强度。”

现在的你正把注意力放在什么之上?

你是否曾经觉得，你越把注意力放在自己的情绪创伤，就越会“继续”注意下去？全神贯注在负面的经验，可能会不经意地在脑中架设一组情绪杂物的电路。想象自己一次又一次地把一块大石头顺着同一条路径推下山坡，要不了多久，你就会制造出一条沟槽或凹痕，引导大石头每一次都沿着相同的路径前进。

通过形塑神经的过程，我们的脑部能够创造和改变路径。我们用某种方式思考和行为时，脑部就会产生一条路径，久而久之，经常使用的路径会连接起来，创造出固定的路径或沟槽。你我注意想法和做出反应的方式，可能会改变脑部的实体构造，甚至变成堆积情绪杂物的惯用路径，了解了这项事实，将给予我们很大的力量。

《脑力锁定》（*Brain Lock*）的作者杰弗里·舒瓦兹（Jeffrey Schwartz）博士，是神经可塑性和修补脑部负面沟槽的先驱，他为强迫症（OCD）患者开发出了 4 种方法，舒瓦兹不会从表面解释患者一再出现让人忧心的想法，而是引导他们从内心改变与有害想法之间的关系。首先，让患者注意到这些旧有的想法，然后换种方式评价这些想法。在扫描患者脑部的前后变化中发现，这在他们思考的方式创造了新的神经路径，取代错误的路径后，患者脑中强迫症的回路便无法发挥作用。患者学会如何灵活运用内心社交网络的技巧，注意到脑中重复出现的想法，并使这些想法脱离惯性的沟槽。

经营内心的社交网络，使我们觉知自己如何运用注意力，从而与烦扰的念头之间保持有益的距离，使我们能够决定该对这些念头做出什么反应。转移注意力的方法有几种，包括省思一开始的念头、找到更合乎现实的念头，或是做出能反映深层价值观的行为或行动。

32 岁的佛瑞德因欠缺经营内心社交网络的技巧，陷入忧郁而无法自拔。我很快就得知，佛瑞德的闲暇时间全都用来扮演尖酸刻薄的政论博主，在网络上建构虚拟的人生。经营这个博客的内心阴暗面，在于佛瑞德强烈认同自己的信念而被愤怒情绪淹没。他对生命的光明面视而不见，以至于发展出所谓的 ESD，也就是极度严肃失调症（extreme seriousness disorder）。可想而知，佛瑞德的 ESD 影响他与新女友的恋情发展。

我也发现佛瑞德在权威的收养家庭中成长，他从小就被告知自己成不了气候。佛瑞德需要散播和施加强硬的观点给他人，和他童年受到严厉、自以为是的父母对待，其实是同一回事。佛瑞德内心的沟槽很可能已经形成很久而且很深，为了反转 ESD 和在他心中与情绪的凹迹，我请佛瑞德做一个实验，要他在一个礼拜中，改成每隔一天碰一次博客，在没有经营博客的日子，就用他喜欢的活动来代替，例如健行、走路、阅读。我指导他在经营博客的日子中，练习内心社交网络的技巧，留意心中的情绪帖文和身体感受。最后，我要佛瑞德在这个礼拜当中，每天从 –10 到 +10 替自己的心情打分。我也叫他练习注意自己的情绪，替情绪命名，这也是经营内心社交网络的另一个重要技术。

戴维 · 克雷斯威尔（J.David Creswell）在《身心医学》（*Psychosomatic Medicine*）中的研究证明，替我们感受到的情绪命名，会比较容易脱离那种情绪，而不是不由自主地做出反应。只要转移焦点，把情绪变成注意力的目标物，就能和那种情绪创造出有益的距离，不再被情绪包袱牵着走，不再把强大的情绪和自己画上等号，而更能够掌控它。克雷斯威尔的研究说明，为情绪命名能使人平静，从而抑制在脑部造成情绪激动和身体压力反应的杏仁体（稍后会说明）。

这种命名的过程对我产生效用的方式，跟我应付“路怒症”有关。以前如果在高速公路上有车挡住我的去路，我通常会做出立即的情绪反应，之后是几句骂人的话，这些负面情绪通常要花很久的时间才会消散，但是当我为情绪命名——不耐烦、沮丧，以及自认开车比对方有品的优越感——我马上感受到改变。当我退后一步，就不再感受到这些情绪，只是用好奇心来观察这些情绪。这种经营内心社交网络的方式也让我更深入了解惯用的沟槽，使我以后不再动不动就做出情绪反应。经营内心的社交网络就是用这个方式，在脑部开辟一条新的路径。

经营内心的社交网络如何影响佛瑞德？他发现自己竟然更快乐、更富好奇心，在他不碰博客的那几天也变得更有热忱，他通过经营内心社交网络，更清楚察觉经营博客使他的身体更紧张，也增加了负面思想和情绪。

后来，虽然佛瑞德依然忠于自己的信念和主张，但他对经营博客这件事，采取比较中性且轻松的态度，逐渐用其他兴趣来取代这个活动，包括担任环保义工来教导儿童。你大可以有强烈的观点、分享意见或撰写博客，但请问自己，你表达和感受这些观点的方式，究竟是提升生活质量，还是制造一堆“脏乱差”？这就像是从事运动比赛，你能不能从中获得乐趣，同时接受自己有时可能会输？你是否把输掉比赛和争议看得太重，导致被剥夺了比赛的乐趣？这些感受在比赛（或博客）过后很久，是否还在侵蚀着你？佛瑞德学会关心但不在意这些感受。

经营内心社交网络也令佛瑞德的身体更健康。事实上，反复思考同一件事或是焦虑，会影响身体的免疫功能。多年前，这种看法可能被认为是新时代（New Age）的观点，但如今有确凿的证据显示，负面思想的影响层级确实到达细胞，从提高身体的可体松浓度（伤害免疫系统）乃至缩短端粒（telomere 老化的生物记号）。

不是压力让你惨兮兮

你一定听过压力反应。了解如何战胜压力非常重要，因为压力可能将脑部负责理性思考的硬盘关闭，也就是位于前额后方的额叶皮质。美国海军海豹部队教导新进人员几种练习，使他们在进行危险任务时，依然能清晰思考。想要了解这点，一定要先知道当你遇到威胁的时候，大脑深处的杏仁体会发出警讯，释放出肾上腺素和可体松，让身体做好应付危险的准备，保护你免于潜在的生存威胁，例如遇到强盗或危险动物。杏仁体好比屋子里的烟雾侦测器，随时准备响起警铃。

这是一套适应系统，目的是保住你的性命。但是，如果威胁主要在你的心里，例如焦虑或恐惧的想法，这时会怎样呢？或者，如果一位同事或伙伴说了一件事让你心生防备呢？脑部的烟雾侦测器分不清差别！它依旧响起警报，你再不能只是坐着不动，脸不红、气不喘地谈论或思考，因为强大的荷尔蒙挟持了你的理智和脑部负责思考的区域，如果这种状况持续两天或更久，身体的可体松会杀死细胞和自然杀手细胞（NK），对你的免疫系统“踩刹车”。研究甚至发现，晚上独自睡觉或早上在伤心中醒来的人，体内的可体松浓度较高，就好比身体会根据你在一天当中的感受调整，让你为压力做好准备。

虽然人脑在经过多年的情绪制约后，会被设定用某些特定方式来反应，但其实重要的是在于“下一次”对情绪压力和情绪杂物做出反应的“方式”。以下将说明“内心社交网络生活工具”，它有助于让你更轻易地规范自己的情绪，无论是清除旧的或新的情绪杂物。有了这个技巧，你将能适应正在发生的事，减轻当下的压力，让理性的脑部恢复作用。

【生活工具】经营内心的社交网络

经营内心的社交网络不是本书在讨论面对压力时，唯一使用的生活工具。当你尝试使用各种工具时，可以看哪些对你最有用，从而发展出属于自己的一套方法，以跳脱情绪沟槽。还要记住一件事，就是你随时都可以根据生活方式来修改任何工具，或者加强你想学习的地方。

经营内心的社交网络这个工具改变你和情绪杂物的基本关系，其练习包含两部分。

第一部分

首先，回想过去某个和情绪杂物有关的事件，而且这事件令你多年来一直耿耿于怀。例如，别人曾经如何伤害你、拒绝你或扯你后腿。正常情况下，你不会想练习回忆旧的情绪杂物，因为这么做可能强化它的存在。但此处的目的，是学会跟它一刀两断。借由你重温过去的情绪杂物，在你陷入这条老路径时，就能更清楚地了解和觉察信号。如果感觉这练习太困难了，要提醒自己你是安全的，你可以随时停止。

一旦你和情绪杂物接上线，请思索以下的问题：

· 注意你的身体。你的脸部表情是什么？是某种紧绷的状态吗？你的表情是皱眉头还是紧绷？

· 注意你的心情。在经历这种情绪杂物时，如何形容你的情绪状态？

· 如果可能，替你感受到的情绪命名。这点很重要，因为命名制造距离，能让你放松对情绪的掌控。你是否有难过、愤怒、罪恶、后悔、失望、沮丧等情绪？不要只替一种情绪命名，因为这时候通常是几种情绪交织。尽你所能地替所有的情绪命名，以正确描述你的感受。

· 留意你的能量高低。你感到充满能量和动力，还是沉重、颓丧或动弹不得？

· 最后问自己：我被这个情绪杂物纠缠得多严重？我在一天中有多常想到它？它对我的人际关系有多大影响？它榨取了我多少能量？

第二部分

接下来，用以下两种观想，将注意力从你记起的情绪杂物转移开来。把这想成是“零杂物观想”。

第一种零杂物观想，深深吸一口气，慢慢吐气。腹式呼吸，能让空气进入肺部最深处，并且压挤腹腔，使腹部向外扩张。呼吸愈深愈好，让肺部和腹部充满空气，然后非常缓慢地吐气。

当你吐气时，想象呼出去的气，把身体深处的情绪杂物、紧绷和紧张，带到身体的底部，然后从脚底释放出去。想做多少次腹式呼吸都可以，每一次把剩余的负面感觉带到脚底释放，让大地回收。通常 3 ~ 5 次的呼吸就够了。

第二种零杂物观想，想象在你生命中，感觉比较轻盈、比较喜悦的时刻，或许是来到你喜欢的地方，或是跟喜欢的人在一起。仔细回想你的感受，留意关于你喜欢的某个人或地方的一切。现在品尝这美好的记忆，让自己体验所有景象、声音和感官知觉，让所有美妙的感官知觉和感觉的轻盈，渗透到身体所有的细胞。让自己沉浸在这种感觉 5 分钟。

接着，回答以下问题：

· 远离情绪杂物的观想，带给你什么感觉？你的身体现在有什么感觉？心情和能量呢？脸部表情是什么？

· 如果可以，现在解开过去的情绪负债，把这些全都松开。少了这些重量，给你什么感觉？

· 没有了占据时间、精力的情绪创伤后，你的人生会变成什么样子？

你需要勇气来尝试这个生活工具并思考以上的问题，但这也能带你迈向去除情绪杂物的道路。此外，你将运用本书其中一个觉知练习——戏剧性转移你当下的注意焦点——清除旧有的情绪杂物，让内心社交网络以更正向、更有建设性的方式来帮助你。

第三章　培育一座思维的美丽花园

“正向感受的花朵将团团簇拥，逐渐取代杂草般的负面思维、感受和欲望。”

若想打造美丽的花园，园丁不能把土地放着不管。专业的园丁知道杂草会设法钻进任何空间，因此总是保持警戒。同样地，打造心中美丽的花园也需要努力和技巧，要不断关照你的想法，一方面拔掉不好的想法（杂草），另一方面替你想要的茂盛的思维种子灌溉、施肥。我的老师是真正的智者，他这句略带幽默感的话真是一针见血："正在前往某处时，先练习在那里的样子。"

一点也没错。在前两章中，我们注意心的本质以及心很容易依附的对象，探索几种走出情绪升降梯的方法。我们也通过经营内心社交网络，让疲倦的心休息，让忙碌的念头平静，并在旧情绪杂物四周创造一些空间。现在，让我们开始培育思维的花园，这座花园只有你自己才能创造。

培育思维的花园需要哪些肥料

我刚搬到波特兰（这里的昵称是"玫瑰城"）时，想着如果在后院种一些玫瑰，应该不会很难。我天真地以为只要把玫瑰种在地上，就会开很多花，没想到还有地鼠、鹿、兔子跟其他等不及要啃食玫瑰嫩枝和叶子的动物。我学会要有耐性，因为培育玫瑰要花很多年。我也发现后院的土壤多半属于不利于玫瑰生长的黏土（也就是杂物），因此我必须添加比较营养的土壤进去。

你的心会不会也有太多情绪杂物，而且缺乏适当的养分使花园繁茂？花点时间，思索以下问题：

· 你一天当中，有多少时间用来思索别人曾经伤害过你，或扯你后腿？

· 你是否为人际关系的失败，或是为你曾经对别人造成的伤害（故意或非故意），而自责不已？

· 你和这个情绪包袱的纠结有多深？

· 你有多少能量被这件事消耗与压榨？

诚实地思考这些问题需要勇气，回答以上问题代表你愿意接受新的方向，也就是准备好接受新的思维种子，承认不是每件事都是如此非黑即白，你敞开心胸，不仅配合现况，而且深入探究自己的行动、想法和意向。当你这么做的时候，你已经踏出重要的第一步，承认情绪的旧伤对人生造成的影响，以及你想要改变。

接着，为了让心准备好接受有助生长的养分和土壤，请问自己以下问题：

· 如果你能排除这些情绪或心理的伤痛，让这些伤痛真正止息，会是什么样的情形？

· 如果能解开过去情绪负债的结，会是怎么样的情形？你在当下的生命会有什么不同？

· 你准备好培育一座新的思维花园，同时放下旧思维了吗？

有时，我们没有为新的花园做好准备。为什么会有人决定继续留着情绪的伤痛，而不试图清除或清理它？也许对某些人来说，受苦是他或她存在的根本原因。情绪伤痛的故事可能成为一个人身份认同的一部分，例如我曾经在一家饮食失调诊所工作，其中几个人说话的样子，仿佛饮食失调已经跟他们的自我感知融合在一起。不止一个患者说："如果没有饮食失调，我会是谁？"因此我们也可能会问："如果没有翻来覆去和焦虑的念头，或是受害者的想法，那我会是谁？"

或许还有其他理由，让我们抓住情绪的伤痛不放。包括我在内，没有人在目睹或是遭遇不公义或不公平的对待时，能够不感到愤怒和义愤。正义让我们觉得自己站在对的一方，甚至是在道德的一方，这种确定感和无可怀疑的绝对性，缓和了我们的怀疑；愤怒使我们感觉拥有之前所没有的力量和掌控力。这些情绪本身并没有错，我们也不应该对不公义的事无动于衷，但我们执着于这些感觉，可能使它们转变成侵略性的情绪杂草、淹没健康的花草。综观全局，从比较有智慧的观点出发，我们需要思考究竟义愤制造更多苦，还是减少苦。换句话说，我们的正义感有用吗？或者只是情绪上的自我满足，在某些方面是被自我驱使？

为培育心灵的花园做好准备，与执着大大有关，也就是我们有多么强烈地执着于情绪的苦、有害行为和诱惑我们的自私欲望。学会放下对自己或他人无益的事物，是卸下紧抓不放的包袱的一种方法，也是宽恕的目的之一，不是吗？

恭喜你开始耕种花园，让它为生长做好准备。你不需要知道所有问题的答案，问自己难以面对的问题并观照内心，就是开始工作了。现在通过说故事，来栽种几颗新的种子吧！

用你的强项来塑造花园

大部分的心灵花园，无论是充满难过和不安的杂草，或者舒缓和滋养人心的花朵，都包含了描述我们人生和经历的故事。现在，想一个生动的负面或正面记忆。你会如何描述？你可能会说成一个故事。为什么会这样？因为脑部先天就具备语言和叙事的功能。许多故事不一定是正确无误的，因为我们从家庭和文化环境中学到几种说故事的风格以及诠释事件的方式，这些方式不一定能完整再现事实真相。

如果你对故事的力量存疑，我不会怪你。你大可以问，故事真的对我们的生命有如此大的力量吗？不对的故事会带领我们进入一个高压力、失败、关系不睦和不幸福的人生吗？

我和盖瑞共同努力的经验，说明了故事如何帮助我们重新想象自己的人生。盖瑞曾经是瘾君子，也曾经坐过牢，在我听过他的童年经历后就对他的负面经历不惊讶了，故事中尽是虐待、混乱和恐惧。他的父母都吸毒，不可靠且情绪失控，这使得盖瑞不信赖与人的关系，但谁能怪他呢？

盖瑞来找我，因为他的职业训练课程成绩惨不忍睹，他梦想拥有稳定的工作，而上这一课程就是为了帮他实现梦想。

盖瑞最近出狱，对他而言，上学是个重要且正向的人生方向，但这只是白费心思，因为他被混乱的生活和人际关系阻碍，其实这只是反映出他童年的经历。盖瑞和女友住在女友父亲的家，很多人到这里跟这个父亲“聚一聚”，盖瑞难以拒绝，而且不得不参与其中。当应付不来学校作业时，他感到绝望，然后注定又要走上他已经历过多次的相同道路。

我可以直接从盖瑞的心情下手，包括他的忧郁和绝望感，但我认为，盖瑞的问题出在人际关系。从小生活在变化莫测且得不到情绪支持的家庭环境里，使得盖瑞随时准备好迎接混乱，而不是纪律和有益的设限。他需要一个新故事，内容是关于如何通过与人建立关系而找到支持和规律。于是，我想到一个家庭作业，请他在校园里找个愿意帮他制订读书计划表的人。盖瑞一开始有些迟疑，因为他觉得他不是上学的料，又担心这么做会引起别人的负面评价，认为他连制订读书计划表都不会。但是盖瑞对自己的生存本领很有把握，于是我请他运用他的生存本领去寻找资源，无论是到学生指导中心，或其他什么地方。

下次见面时，盖瑞做的第一件事是打开一本活页文件夹，给我看一份周历，上面有他的课表和读书时间。他笑容满面地告诉我：“我去了学生活动中心，我到处问人，看有没有人知道如何制订读书计划表，结果有人自告奋勇，就弄出这份来了。”这份读书计划表替下一步打下基础，那就是学会如何在生活领域划定界线，使混乱降到最低。后来，我要盖瑞叙述他如何建立起正向、积极的关系，并且自愿接受别人的帮助。盖瑞从他的故事中找到许多他以前不知道的强项，包括对人诚实、敞开心胸、积极、努力、有效率、有条理、信赖，以及寻找资源的能力等，他开始认知并且欣赏自己的平凡和生存的本领。我个人很荣幸与盖瑞合作，他已经学会应用自己的强项来塑造新的、正向的人生故事。

盖瑞的故事说明，强项会在心灵花园种下新的种子，同时连根拔掉旧的、限制我们的故事。我还要说的是，认识自己的强项不等于吹牛。找到强项不是为了吹嘘虚伪的自我，让你觉得高人一等，或是把别人比下去，这些行为只是为了更上一层楼而用的权宜之计。相反地，你要留意自己的强项，以便更正确地将它呈现出来，并且了解你在生活中真正做的事。说来也奇怪，很多人削弱自己真正的强项，他们不是忽视自己的强项，就是说："那只是我的例行公事，我每天都做，不能算是强项。"

在忙乱、自我批判和成就导向的文化中，人格的强项比较不受重视，殊不知它相当于培育健康植物所必需的营养土壤。你的强项不是用你完成的艰巨任务来衡量，它们是日常的小工具，你用它们连同你的勇气和毅力，度过每个平凡的日子，帮助你克服情绪杂物，发挥效能、增强信心和提高生产力。以下举几个例子：

- 请朋友喝咖啡（好客的强项）
- 遛狗（关怀的强项）
- 记住车子停在购物中心的位置（记忆的强项）

- 早上起来铺床（整齐、清洁的强项）
- 列出购物清单（规划的强项）
- 知道如何求助（寻找资源的强项）
- 准时上班（纪律的强项）
- 完成家庭作业或工作的项目计划（注意力的强项）
- 向他人表达感激（爱和感恩的强项）

接下来的生活工具，将帮助你从所做的每一件事中找到自己的强项，同时发现他人的强项，而这正是建立人际关系的最佳练习。

【生活工具】用故事来培育你的强项花园

故事可能使我们感觉安全或惊恐、信赖或防备、开放或闭锁。彰显我们和他人强项的故事，使我们更有信心、自尊和效能。不只如此，这个生活工具让我们用新的眼光来了解并欣赏他人的强项，这个技巧非常重要，因为它能扫除充满情绪杂物的旧故事，让反映你真实能力的正确故事取而代之。

开始培育你的强项花园时，先想想最近你去的约会。任何性质的约会都可以，无论是开会、跟朋友喝咖啡、参加业务会议、早上去上班，还是去投票。当面对案主时，我会请他们说说来治疗的故事，跟专业人士合作时，会请他们说说到工作地点训练的故事。

第一部分

你或许会觉得，赴约是件单调、平凡甚至无聊的事，用以下方式叙述你的故事，你将发现赴约表现了你的许多强项。

你可以在日记上，写下赴约的经过，内容要包括下列 6 点：

1. 你跟这次约见的对象之间，有哪些个人的渊源？

例如，你们可能有过一段不愉快的过去（也就是情绪杂物），如赶早起床赴约、上高速公路、应付尖峰时段的塞车、停车、天气，或者对约会对象心存担忧。尽管有些不顺遂，但你如何克服这些赴约的？你有事前准备，还是预先想想要去哪里找停车位？你运用了哪些策略？

2. 这次的赴约令你感受到哪些压力？

例如，你在赴约的前一晚有睡饱吗？如果睡眠是一项因素，你有努力睡好觉吗？有摄取足够的营养吗？在赴约前，有把个人卫生做好吗？你穿的衣服是否帮助你适应天气，或者提振心情？

3. 赴约前有哪些想法？你的心情如何？

人不会永远拥有同样的想法，或处在同样的心情下，那么你如何处理突然冒出来的负面感觉或态度呢？

4. 在赴约当天，你的身体感觉如何？

你的身体痛吗？你如何面对身体的疼痛，然后依然赴约呢？

5. 你为了赴约，要承担哪些责任和义务？

你在赴约前，是否要照料家中需要你帮助的人？你是否早起去遛狗，或是照顾宠物？

6. 你用哪些回归中心点（centering）或寻找宁静、喜悦的方法，为赴约做准备？

在你赴约的路上，是否听一些帮助宁静或回归中心点的音乐？你是否早起享受片刻安静、运动或照护自己身心的需要？你在赴约当天是否进行任何一种回归中心点的仪式，例如喝一杯热咖啡或热茶？

第二部分

接着，回到你刚才写的，找出你在那一天为了赴约而展现的各种强项。现在不是你谦虚的时候，你正在评估自己的强项，所以你要看看自己能注意到多少不同的强项，而且愈多愈好。列出所有强项后，问你自己：

- 当我注意到自己的强项时，我觉得如何？
- 以前我有常把这些强项视为理所当然？
- 在我注意到的强项中，哪一项最令我惊讶？

· 如果除了我之外的某人具备这些强项，我会怎么看待他或她？

· 这个新的故事，说明我是个怎样的人？

· 我如何开始每天注意到自己的强项？

第三部分

给自己一个所谓的强项挑战，作为日常生活的技巧。在一天当中，不断注意自己的强项，把这些写在一张纸上，或是记录在手机里。看你可以写出多少不同的强项，记录下来，等一个礼拜结束时复习、回味。

另外，看你能不能注意到你今天遇到的每个人所拥有的一个强项，而且不要放在心里不讲出来。在你和别人聊天时，把那强项说出来，并注意这么做带给对方和你自己的感觉。用这种方式称赞他人，在你与他人建立关系的同时，也展现你专心聆听以及慷慨大度的强项。多棒啊！

第四章　接纳带来的宁静

“我们可以把主卧室出租给悲伤，还可以帮它们装一个大浴缸。我们可以提供它们永不失效的优惠条件，也可以给它们按日计算的租约。”

你能不能在心理治疗的某个疗程（session）想象自己是某个卡通人物，例如邦尼兔（Bugs Bunny，又译兔宝宝）。我想象对话可能会这样进行：

“喂，告诉我……”邦尼说，“医师啊，我怎么了？”

“呃，这位长耳朵朋友，我终于找到让你烦心的事了。”

“呀？”邦尼边啃着胡萝卜边说，“是什么呢，医师？”

“你活在一个完全虚幻的世界。”

“嘿，医师，太棒了。哦，对了，别寄账单给我，因为我从没来看过病！”

“不接纳”很像活在梦幻中，一个虚幻的“如果”世界。生活中遭遇到的许多不舒服、不满足和冲突，来自不愿意接受现实状况，于是我们忽视、推开或排拒不喜欢的感受。但是，我们也可以选择活在“现况”之中，停止对抗和抗拒眼前的事物。活在现况中，让我们能窥见完整的感受，哪怕是多混乱，也让我们完整地感受当下。此时需要运用 PAIRUP 当中 3 个正念的关键技巧，也就是同调的接纳、省思和理解苦的本质。这 3 个技巧将使你和不乐见的情绪杂物之间，产生不一样的关系。

接纳练习的核心是建立在自我认识和自我观察的基础上的。因为接纳，我们才能看见心灵杂物，以及自己对善恶、美丑和值得与否的执着。因为接纳，所以降下车窗，嗅闻空气的味道，接近真实，而不是把自己包裹在茧壳里。我们不忽视自己认为悲惨、难过和不公不义的事，但同时，我们也柔软了反应，以及消解了对那些最不乐见的事情的观点。

世界级大师也是作家克里希那穆提（Krishnamurti）在《人生中不可不想的事》（*Think on These Things*）中写到：

突然看到自己真实的样貌，可以说是个发现，那个贪婪、好辩、愤怒、善妒、愚蠢的自己。看见事实而不试图改变，因为光看到真实的自己，就是个惊人的真相，你可以从这里继续无止境地深入，因为认识自己是永无止境的。

敞开心胸去接纳，可能令人害怕。这是一场探险，也是一种生活工具，它可以深刻地转变你的人生，同时清除旧的情绪杂物。

☆

这一天诊所非常忙碌，每小时都有人来求诊，我在休息时间接到一通取消第二天约诊的电话，当时我意识到自己心神不太集中，决定用正念练习使自我专注。于是，我走了四个街区到维拉梅特河（Willamette River），那是个明亮、起风的日子，我走在茂密的草地上，深蓝色的河水快速流动，但我没预料到会这么冷，所以身上没穿外套。正当冷空气拂过我的脸时，心立刻做出反应，想着："外面实在好冷，真不舒服。"

我继续走，接着又出现一个"完美行禅的侵入者"。草地附近有个游戏场，几个孩子正在嬉闹。然而，我的心把他们的叫喊诠释成一种骚扰，心想："这些小孩真吵，希望他们闭嘴。他们害我的行禅不完美。"

在那当下，不接纳的内在声音逮到最佳机会，它跳进来轻声下了一个极其微妙的指令："回办公室吧，那里既暖和又安静，练习的质量会比较好。"我经常把这种迅速且机械化的念头，称为"心的呢喃"，一不小心，就会使我们的行动像个机器人。

在那当下，我就像遵从指令的机器人，开始转身走上山坡。当我完全觉知心的呢喃时，便惊觉我正在推开我所亲身感受的东西。于是我幽默地想："哦！这一刻不够好吗？真实的状况不是如我所愿的那么舒服，所以我必须拒绝它，追求更好的？"我站在草地上，竟然笑了出来。

于是我继续行禅，只是这次有个很大的不同点，那就是我接受亲身体验的一切，放下对掌控的需要。我没有拒绝冷空气，而是让它进入身体，感受它，与它同在。我没有逃离孩子们的叫喊，我也让这些声音进入身体，柔软它们带来的刺激，就像接受降下的雨滴。当我与眼前的一切同在并接受它们时，我也就能享受到行禅带来的滋养和回归中心点。

☆

我发现我越注意自己的念头，就越会听到那狡猾的心的呢喃，它试图指挥我的行动，偷走每个宝贵的片刻。花点时间想想你曾经推却或排拒的体验，或许是你跟朋友一起吃饭，你看着她的前菜，想："希望刚才点的是她那道。"这个贴切的比喻，说明我们多么轻易就推掉生命替我们准备的大餐。

有哪些事物你不希望让它们成为生命的一部分？有哪些事物会因为不符合你期望的完美状态，便被远离或拒绝？你是否有一份针对自己或别人的抱怨和哀怨清单？当你照镜子或收看晚间新闻时，脑中是否会响起一阵诉说缺点和不足的抱怨？信不信由你，被动反应、辱骂和自我责备的想法，对你跟他人的伤害可能超过想象。虽然有许多研究，是关于性和肉体虐待造成的伤害，但直到最近，言语虐待的危害才被完全了解。一份登载在《美国精神病学期刊》（*American Journal of Psychiatry*）的研究显示，作为研究对象的800多名没有性或身体虐待史的年轻成年人，曾经在初中、高中时期经历过同学的言语虐待，结果发现他们在忧郁、焦虑、分裂、敌意、愤怒，甚至滥用毒品等方面的比例显著偏高。研究人员也发现他们的脑部胼胝体异常，胼胝体是左右脑的联结，帮助我们诠释和处理感觉与情绪。此外，这份研究将同学言语虐待和父母言语虐待的研究做比较，发现两者造成的影响基本上是相当的。如果他人的恶意言语有如此强大的力量，那我们又为何认为，自主想法所构成的内在世界，力量会比较弱呢？

自我接纳的疗愈药膏

接纳生活的外在条件或许困难，但是清除拒绝和内在自我对话的念头，则需要强大的洗涤力量。这时就要问自己另一个问题：叫我们跟别人比较的声音，最初源自哪里？你或许以为这些是你自己的想法，但或许不是。

50岁出头的乔治来见我时，他最不想发现的是自我批判想法的源头。乔治正在面对小生意失败后的忧郁情绪，在此之前他跟我说了一堆找不到另一份工作的理由，他言之凿凿地对我说："我不知道怎么求职面谈，跟那些和我竞争同一份工作的年轻人相比，我几乎可以说是计算机白痴。知道我生意失败的人，就会认为我是个失败者。事实上，我不是个优秀的生意人，否则生意就不会倒了。还有经济状况也是个问题，"他的声音愈来愈大，就像个惊叹号，"烂透了！"

当我告诉乔治，他那一串找不到工作的理由令我大开眼界，他感到非常惊讶。我问他愿不愿意写下无法往前走的"十大"理由，乔治便兴致勃勃列起清单来。到了下一个疗次，我请乔治把清单拿出来，他从口袋掏出一张黄色的纸，打开它。乔治看了一眼清单，抬头看着我，摇头说道："你知道吗？我简直无法相信，在我看着清单时发生的事。"

"什么意思？怎么了？"我问。

"我发现，我的想法竟然跟我母亲一样！"

"怎么说？"我回答。

"堆在我身上的，正是这种否定，认为我不够好，这辈子永远不可能成功。她一直在说同样的事。我看着这份清单的时候，简直无法置信。但有件事情可以确定，那就是我再也不想要这种想法了！"

借由与自己的想法拉开距离，并且写下这些想法，乔治得以用截然不同的方式，留意自己的想法。乔治通过省思，发现他已经学会了家人的思考方式，并且采用了他们对事情的看法。乔治的体会也说明思想具有说服的力量：只要你一直告诉自己某件事，到头来你可能会信以为真，即使根本没有事实根据。

这跟自我接纳之间有什么关系？自我接纳不等于接纳弱点，忍受自己无法接受的事物，也不等于降低标准，而这些正是我们内在批判的声音会说的！接纳不代表放弃自我、不求上进，而是诚实面对自己的起点，同时学会更多使生命更美好（根据你的标准或是你想达到的标准）的技巧。内在的批判妨碍成长和改变，因为它并没有确实表述真实状态。我们的内心，不断对善恶、美丑、接受与拒绝等进行思索，而自我接纳将终结这一切，改变游戏的规则。接纳不是想借由特定的行为来定义我是谁，而是接受整个自己，包括讨喜和不讨喜的部分，用更温和、圆融的态度，来看待自己的目标、限制、弱点等。

自我接纳让我们清楚地知道自己在哪些方面太过狭隘、紧绷和固执己见，通过问“这个结一开始是怎么形成的”，帮助我们超越问题。最重要的是，当我们接受问题，任由它来去，自我接纳能温柔地引导我们脱离对问题的执着。

自我接纳会生出自我觉知、洞见和慈悲，不因为我们从父母那里得到某种思维方式而谴责我们，也不因为我们不如某个优秀的歌手、舞蹈家、管理者、工程师或配偶而数落我们的不是。

自我接纳更深层的启示是每件事都有正反两面，甚至我们自己也是。你有遇到过任何人是一面倒的好或坏吗？ 或许我们想把心目中的英雄塑造成完人，仿佛佛陀、特雷莎修女、马丁·路德·金等人完美无瑕，但是只要站在灯光下，就会有阴影。接纳使我们少责怪自己，即使是欠缺智慧的想法和做法，都用更慈爱的心去对待。当我们意识到自己的无知、缺陷，以及受苦的理由，又怎么能不体谅并且接纳他人的不完整？是接纳，不是容忍。

以发自内心的接纳，做真实的自己

佛教认为，人在一生中会受到称、讥、毁、誉、利、衰、苦、乐的世间八风（Eight Worldly Winds，又称“世间八法”）吹拂，无论多努力尝试，都避免不了这些。试图只感受或抓住称、誉、利、乐，只是徒劳无功。同样地，企图避免令人不舒服的讥、毁、衰、苦，也只是浪费时间、精力。生命就像完整的菜单，所以酸、甜、苦、辣都得品尝。

我的工作是对大众演说，并且为专业人士提供基本定调和训练，我也曾经历过八风。当演讲进行顺利、获得观众热烈好评时，经常有个称赞的声音对我说：“你是个很棒的演讲者，他们爱你，欧普拉迟早会邀请你上节目。”如果演讲感觉有一搭没一搭，观众的反应也不热烈，这时会有个声音责备我：“你今天真无趣，观众差点要睡着了，他们不喜欢你。你的演说生涯要完蛋了。”

执着以上任一种结果，都会导致麻烦。这些经验帮助我练习真诚接纳，在每一刻保持安静，而不试图排拒或紧抓不放。这表示我必须接受观众会有各种不同的反应，有些是正面的，有些不是。这表示我必须接纳我自己的演说技巧。无论做得好不好，我总是努力改进。某次演讲，我或许不太满意自己响应观众的速度和内容，但我可以接受，因为事实就是如此。人就是这样。我通过做个更真实的人，尽最大努力不被“自我”这个杂物迷惑，因为它会阻止我体验生命中所有的事物。我们的智慧从这些体验中生根，也使我们与现实和平共处，即使我们努力想改变。也就是通过自我接纳，放下那使我们陷入心灵杂物的固执倾向。

【生活工具】安住在自我接纳里的修行

现在，用观想找到一个地方，在这里可以和内在或外在的悲伤，或是你排拒的感受和平共处，无论悲伤或感受多么令人痛苦、难过。这个修行将帮助你更好地活在当下，接受整个自己。

第一部分

你不能接受的一件事情是什么？

把你不能接受的或是心中挥之不去的想法写在一张纸上，尽可能明确。记住，可能是身体感官、某种处境或一种情绪。例子如下：

· 我变老了，没什么魅力了。

· 我不值得被爱，而且害怕孤独。

· 我担心我的婚姻，因为我的老公 / 老婆疏离又冷漠。

· 我很气没有升迁，职业生涯一直在原地踏步。

· 我被——伤害，而我无法原谅或接受。

第二部分

跟着以下的步骤，得到更大的宁静感、更柔软的观点，甚至是对你的主张有更精确的理解。

· 找一个安静的地方坐下。

· 放慢呼吸。想象自己在一处至高无上、庄严、宽广的宁静之地。在这地方，没有事物能伤害你。你在这里最安全，受到最完善的保护。可能是现实生活中一个你喜爱而且有安全感的地方，也可能是你在心中勾勒的地方。

· 现在，想一想在你一生中，曾经帮助过你的人，他们都深深希望你得到祥和、健康和安全。想象这些人在你身边，这种感觉很好。他们或许是家人、朋友，或是过去或现在的邻居，你甚至可以想一位钦佩的心灵友人，例如耶稣、甘地和马丁·路德·金。如果他们能在这里，也会祝福你获得祥和与安全。

·接受这群关心你的人对你的祥和所给予的祝福。接受这温暖的感觉，让这些祝福如温暖的光一般，充满心的中央，接着，让被爱和被关怀的感觉遍布你全身。

·接着，留意让你无法接受的事远离你。因为距离远，所以既小也不明显。

·接着，在你周遭有温暖、爱和祝福，安全地包覆所有困难或讨厌的事物。你不再需要对所有的事物做出反应，但你可以随自己高兴，剥离出来关注它们。

·让你自己进入宁静状态，和与自己相关的一切事物平静共处。继续缓缓呼吸，直到你想停为止。立定决心以接受艰困的状况作为起点，而不是终点，让自己的智慧引导你前进，感谢自我接纳，结束这次观想。

第五章　在呼吸和身体中找到中心点

“你瞧瞧，意识认为是自己在当家。但它是人类的次要器官，绝不可以由它掌控。意识必须屈从人类的身体并为它服务。当意识掌控身体时，你就会像《星际大战》中的黑武士达斯·维达（Darth Vader）。”

你是否曾经计算过，今天早上出现过多少个念头？ 这问题可能让你发笑，因为你从醒来的那一刻起，可能就被无数个念头淹没。头脑运算非常快，快到据估计每秒钟能有多达 25 ~ 250 个念头。佛陀认为人每秒钟会有多达 3000 个念头，当我在工作室上课提到时，有位女士举手，说道："我有 4000 个。"大家都笑了，但似乎真是如此，这也把心灵杂物的概念带到全新的次元。

如果我们每生出一个念头可以得到一块钱，那我们全都"发"了。但我们经常被自己的念头弄得筋疲力尽，被焦虑的念头弄得紧张兮兮，被那些像害怕的孩子紧抓着我们不放的执着的念头侵蚀。幸好，我们与生俱来就知道如何让疲倦的心安静下来。当我们掉进身体里（或者说是立定在身体里），身体会在我们的允许下跟脑合作，就像飞机的副驾驶，在我们失衡和即将进入乱流的时候警告我们，引导我们采取比较平稳的航线，前往一处和谐之地。

我的一名个案主人公，埃米莉，她就是学会了把身体当成副驾驶。埃米莉是个离婚的少妇，有个 6 岁的女儿，我会用《灭》（*Runaway Train*）这部电影来形容初次见到她时她的心的运作方式。埃米莉用全副精神担忧女儿的安全和健康，以至于她的心经常失控，随时可能脱轨，结果引发持续的恐慌症，导致她变得衰弱。受这种苦的当然不只是埃米莉，焦虑是美国头号的心理健康问题，有大约 4000 万人罹患某种焦虑失调症。如果埃米莉的女儿去朋友家过夜，埃米莉会满脑子想着女儿可能会受到伤害，这些想法往往充满创意甚至异常，例如想象女儿从朋友家的窗户掉下去，眼睛被藏在草丛的玻璃碎片刺到。如果孩子坐公交车上学，埃米莉会想象一场血淋淋的车祸。

我在埃米莉身上用了几种方法，首先她要练习经营内心社交网络，学会从一段距离外，留意自己的想法，并判断这些想法的正确性。但是最有帮助的，是她掉进身体里，利用呼吸跟身体联结，打开身体的松弛反应，也就是副交感神经系统，以便随时关掉恐慌症的开关且防止再犯。她学会跟身体做朋友，以及把身体当作可靠的副驾驶。

有一天，她带女儿到小区活动中心时，所有不好的想法全部跑了出来。“我正开车载我女儿去练足球，”她向我解释，“但我的胸口有一种非常微弱的紧绷感，我也注意到我抓方向盘抓得多么紧。突然间，我注意到我正想着足球场上会发生可怕的意外，于是我让双手和身体放松下来，开始做腹式呼吸。以前我从来都不会注意这些事，我正在把自己推到恐慌症发作的地步，而我竟然不知道。”这是埃米莉的重大转折点，她用心聆听副驾驶（也就是身体）的声音，从而觉察到自己正要开进恶劣的天气中，也就是过去被设定要制造出焦虑故事的心灵杂物。

运用强化后的身体觉知，就像把电视机的默认频道全部改掉，或者在网络浏览器上添加一个新的“我的最爱”书签，把你调整到当下这一刻，而非神经科学家所说的“默认模式网络”（default mode network），也就是心智捏造故事的混乱状态。默认模式通常发生在你没有聚焦在某个特定的心灵任务上的时候，例如写报告、做作业或规划旅行。然而，默认模式不尽然是随机的，如果你有个经常会用到的默认频道，例如焦虑频道或忧郁网，那么你很容易在浑然不觉的情况下，就转到默认频道去。

呼吸：当下的频道

假设你的医师告诉你，有种神奇的新药被证实能降低负面想法和忧郁，同时可能延长寿命，而且完全没有任何不良的副作用。你会服用这个药吗？ 这正是我们即将要学习的，呼吸和觉知当下的疗愈能力。有一份刊登在《认知疗法与研究期刊》（*Cognitive Therapy and Research Journal*）上的研究显示，练习正念呼吸——呼吸的同时，采用缓慢的腹式呼吸——能减少脑中不断反复思索、重复出现的负面想法和忧郁，甚至减轻对身体知觉的恐惧。

此外，一份刊载在《临床心理科学》（*Clinical Psychological Science*）的研究显示，觉知当下可能成为青春的源泉，使我们的年龄即使一年年增加，生理上依旧保持青春。加州大学旧金山分校的研究人员，曾针对 200 多名健康女性，研究心智散漫对端粒的影响。端粒是染色体末端的 DNA 序列，能保持细胞的完整，就像鞋带末端的塑料头。端粒可以衡量生物的老化，当端粒变短或磨损时，细胞就无法正常分裂，从而导致生病和死亡。

研究证实，严重的压力会加速端粒缩短和血球老化达十年。加州大学旧金山分校的研究发现，心智散漫也会提前缩短端粒，但是好消息来了。他们发现，注意力、用心及活在当下能保护端粒，防止端粒缩短，研究人员的结论是：“凡是表示自己的心高度神游的人，相较于表示心低度神游的人，前者的端粒比较短，而且各型的免疫细胞（颗粒球和淋巴细胞）也是，即使在调整过压力后依旧如此……当下的注意力状态能提高健康的生化环境，从而延长细胞的寿命。”

在你因为心到处游荡而感到巨大压力之前，让我先来证明负面的心智散漫——担心过去，焦虑未来——会造成老化。持续地专注当下对你是好的，无论是专心做个愉快的白日梦、有创意的想法、规划假期，还是来个深呼吸。

此外，端粒有可能延长。一份初步的研究显示，通过减压和呼吸练习、运动、群体支持和健康饮食等生活方式的调整，能延长端粒。关于这方面的研究还在不断进行中，但重点是，每天的感受及使用觉知的方式，产生的影响能深及细胞层次。

你是否看过婴儿呼吸？如果你仔细看，会发现他们呼吸时是腹部起伏而非胸腔起伏。也就是说，婴儿是既深且长的缓慢呼吸，他们在没有受过训练的情况下，采取腹式呼吸。这是你我与生俱来的预设呼吸法，当你用这种方式呼吸时，心自然不会到处游荡，同时开启身体的放松机制，也就是副交感神经。谁说婴儿笨笨的？

但是过了一段时间，当我们遇到压力时，呼吸也变得短浅，空气只进入肺的上部。如果把肺想象成杯子，短浅的呼吸只能填充至杯子的顶部。呼吸短浅使我们难以抵挡交感神经系统，因而启动身体的压力反应，血压、脉搏乃至呼吸次数都跟着上升。压力荷尔蒙使身体和脑兴奋，即使在平常的时候也是如此。腹式呼吸的秘诀，就是要从底部把杯子灌满，就像我们小时候那样。

接着来探索如何与呼吸同在。这个不可或缺的生活工具不仅便于携带，而且效果惊人。

【生活工具】为当下与身心的宁静而呼吸

说来也幸运，只要试着改变身体姿势，就很容易重新学会腹式呼吸。以下四种交替的姿势，可以帮助你重新发现婴儿时期的呼吸技巧。每一种方法都能帮你放下耸起的肩膀，伸展胸廓之间的肌肉（肋间部），打开胸廓，使腹式呼吸变得更容易。这种呼吸法也叫作横膈膜呼吸。

在你练习完、并学会如何用这种方式呼吸后，你可以把腹式呼吸当作预设的呼吸法，往后你在处理生活中的困难时，会更加明澈、宁静而且觉知。

姿势一

站或坐，把两只手臂放在背后，将手掌交握。不要刻意呼吸。看看你的呼吸是否放慢，腹部是否有律动。如果你已经学会“收小腹”，那么就会容许自己放松腹肌，让腹部自由。如果你多年来的呼吸都很短浅，或许要花些时间，才能把深长的呼吸变为习惯（注意：如果你不知道如何用此处的姿势让呼吸深入下腹部，试试平躺或侧躺，会比较容易感觉腹部的起伏。当你感受到腹部的起伏时，再试试这些动作。）

姿势二

我把这个动作，称为神力女超人（wonder woman）或超级英雄式（superhero posture）。把双手分别放在肋骨的两侧。找到最低的那根肋骨，把双手分别放在左右两侧最低的那根肋骨上，手肘朝外。你一边呼吸，是否注意到两侧腹部向外移动？ 呼吸深长可以比短浅呼吸带给你多十倍的空气，这个姿势很适合不想专注于腹部隆起的人。

姿势三

举起手臂，把双手托在后脑或颈部。你也可以高举手臂，用指尖碰肩膀。对一些人来说，这种方式能有效加深呼吸。如果你感到晕眩或头昏，可能是呼吸得太深了。想象你的肺就像杯子，你可以慢慢从底部将杯子充满，但是不能一下子灌到杯缘。

姿势四

我把最后这个姿势称为“手风琴呼吸”，因为你把手臂当作手风琴或风箱，吸气时打开，呼气时关起来。美国海军海豹突击队会用呼吸作为一种激发的控制（arousal control），使其成员即使在任务中感到恐惧和焦虑时，头脑依然清晰。方法如下：首先，把双掌放在胸腔前，在你一边做一次深度的腹式呼吸时，把双臂移到身体的两侧，就像张开风琴般。停止呼吸默数两秒，同时双臂保持在身侧不动。接着，缓缓让双臂回到胸前的位置，一边默数到四呼气，练习手风琴呼吸两三次。

在一天之中运用这四种姿势，最重要的是，要有耐心。你需要一些时间，才能重新训练身体用这些方式呼吸。

我也建议在一天之中，定下休息的时间来呼吸。就像我在工作室问大家的那样：“你们会花时间刷牙、洗澡，做好个人卫生，那么一天抽 3 分钟照顾自己的心灵卫生，岂不是很值得？”

呼吸就像是替心灵刷牙。每天抽 3 分钟来做腹式呼吸。你可以早上一分钟，下午一分钟，晚上一分钟。开始就是这么容易。接着，在一天当中，留意你在用哪里呼吸，然后把呼吸带到腹部，你会开始熟悉你的身体，更加活在当下，用这个“万用清洁剂”，清除心灵的杂物。这么做也正是按照梭罗[①]的建议，1859年他在日记上写着：“你一定要活在当下，时时刻刻用心，在每个当下找到你的永恒。”

① 亨利 · 戴维 · 梭罗（Henry David Thoreau，1817—1862），美国作家、哲学家，废奴主义者，自然主义者，超验主义代表人物。其一生共创作了20多部散文集，被称为自然随笔的创始者，最著名的作品为《瓦尔登湖》。

PART2 疗愈来自关系、文化和祖先的杂物

我们不光是生物、肉体和心理运作的产物，事实上，我们存在于社会中，存在于一个错综复杂的生命网络里。

或许我们永远都无法完全了解，过去对于我们的经验和选择造成了多大的影响，但可以从尊敬和理解先人着手。当我们觉知古老的情绪杂物时，等于是踏出了第一步，朝着疗愈、希望前进，逐渐形成一种新的存在方式，然后把这个存在方式传给那些循着我们脚步和心跳的后代子孙。

第六章　清洗家族的情绪杂物

“为了熬过在树林里的时间，一定要结束旧的方式。从新开始……是一种内在的旅行，你从此得到释放，离开那个把你困在惯性甚至有害的存在方式的自己。”

我们和家人的亲密联结，早在我们还不会说话的时候，就已经内建在我们的存在之中。人类在出生 10 ~ 24 个月内，右脑就建构了大部分这类初始的回路，脑部也开始开发情绪和社交的程序或模型，并且随着母亲、父亲等照顾者调整。

难怪，硬要跟家庭脱钩，可能会导致我们变得不知所措。企图清掉家族的情绪杂物，就像没有带指南针在树林里行走，让人害怕、惊恐，不知身在何处。尽管家族的情绪杂物束缚着我们，给我们带来伤害，让我们困扰，把我们弄得一团糟，但其中却有种说不上来的舒服，毕竟这代表我们最早期对家的感受与对他人的感情。

因此，清除家族的情绪杂物可以被理解成一种强有力的归零。对家人有更深的觉知、慈悲和洞见，就可以更清楚自己的未来。这趟旅程的起点，要先探索年轻的脑最初是如何接收到管理情绪和人际关系的程序的。

基本上，如果我们的照顾者是个负责任的、慈爱的人，在我们需要的时候都在，真正把心放在我们身上，而且提供安全的环境，我们的脑就会反映这种状态。下载到脑部硬盘的程序说："我感到有信心，确信自己的需求都能被满足。我感到安全，因为我得到别人可靠、可预测、乐于合作且慷慨的响应，世界是个安全的地方，我能信赖他人，我有被保护的感觉，我相信自己能在身边有他人的情况下茁壮成长。"

但是，假设照顾我们的人是个不知所措的、沮丧的、焦虑的、经常忽视别人的人，或者他（或她）的心根本不在我们身上，这时右脑最初下载的程序会很不同，社交和情绪程序会说："满足我的需求是件令人挫折的、恐怖的而且让人困惑的事。我没有安全感，因为别人的反应是不可测的、伤人的、不稳定的且自私的。世界是个危险、怪异的地方，我不能信赖他人，为了生存最好随时保持警觉。"

亲人能不能跟人友好相处，会直接镜射到我们的心里，影响到我们成年后的人际关系好坏，以及是否有安全感。但是这个脑部程序的来源，可能远不只是父母辈或照顾者，而这正是清掉家族情绪杂物的关键。

表观遗传学：宽恕和改变的新脉络

在我们一生中，目睹暴虐、残酷的行为再三在社会上爆发，实在令人丧气。我们往往把这些事归因于施暴者，适者生存的"丛林法则"，或者社会经济问题。有些人认为，人生而暴力，暴力就在基因之中。表观遗传学这门新的科学则完全不这么认为，它认为人的基因可能被自己的行为和环境改变。换言之，诸如暴力之类的冲动行为不尽然是人的本性，而是可以被改变的倾向。

表观遗传学（epigenetics）这个词，可以被翻译成超越基因，或者在基因之上。基本上，我们的基因序列（DNA）就像计算机的硬件，表观遗传学就像软件，指示基因采取行动，例如基因是否要开启或关闭。研究证明我们每天经历的每一件事，包括吃的食物、呼吸的方法、对压力的反应、与环境的互动等，都携带了指令，告诉我们的基因该如何表现。有时新的指令会传到下一代，而不需要任何基因突变。表观遗传学或许是使爱因斯坦的忠告变为事实的关键：“和平不能用武力来维持，只能通过理解来达成。”

杜克大学一项由科学家蓝迪·杰托（Randy Jirtle）领军的研究，检视食物在表观遗传学软件程序中的作用。杰托测试饮食对老鼠的鼠灰色基因（agouti gene）这个健康相关基因的影响，由于老鼠的毛色也是由这个基因控制，杰托就可以用眼睛识别，究竟鼠灰色基因是否被开启（老鼠的毛色变成黄色），还是关闭（老鼠的毛色为棕色）。当鼠灰色基因被开启时，老鼠的毛色会变成明显的黄色，罹患肥胖症，且寿命显著缩短。为了关闭肥胖制造基因，对黄毛老鼠喂食富含甲基的食物，甲基附着在鼠灰色基因上，使其无法发挥作用，于是惊人的结果来了——富含甲基的食物使老鼠变瘦、变健康，也改变了老鼠的子孙。其下一代也有棕色的毛色。这个实验告诉科学家，富含甲基的健康食物会使鼠灰色基因保持在关闭的状态。但是，如果这只棕毛的健康老鼠被喂食不健康的饮食，鼠灰色基因会被再度开启，并传给老鼠的下一代，它们的毛色会是黄色的，体形肥胖，而且寿命较短。杰托的研究表明，营养和环境因素可能改变基因表征，而且这些因素会遗传给下一代。表观遗传学甚至可以通过医学介入，将造成某些癌症的基因关闭。

使用动物模型的其他研究显示，营养摄取可能改变脑部关键区域的发展，而这些表观遗传学的改变会传到下一代。在《心理治疗艺术的科学》（*The Science of the Art of Psychotherapy*）中，儿童发展研究者艾伦·休尔（Allan Schore）写到：“我们知道，压力荷尔蒙大量升高，将不利于脑部的发展，这代表心理生物学上的暴力和抑郁倾向会在不同世代之间转移。”别忘了，一个人的DNA不会突变或改变，改变的是基因表征，而这是跟环境互动所造成的。

以上的发现非同小可，且充满希望，然而随着希望而来的，是我们对生活中的选择要负起更大责任。未经思考的选择或有害的行为，不仅会影响自己的健康，还会影响子孙的健康。

不过问题还没解决：我们如何跟家庭中的伤痛和苦楚共同生活，哪怕伤人的人不想承认或改变自己的行为？

继续责怪他人，自己将难以获得疗愈。但是，表观遗传学的看法则不同，它会问道：“责怪如何真正发挥功用？”“我责怪的对象，应该追溯到哪一代？”“是一百年，还是一千年？”比较好的做法，或许是充满慈悲的承认：当我们看着亲人发黄的相片时，其实是在看自己。一个人的痛苦挣扎，和更大、更全面的网络连在一起，那里有父母、祖父母和所有人类。

表观遗传学让我们了解到，我们并不是命中注定要跟随过去所留下的基因脚步前行。有了觉知的选择、意向和同调的情感，我们可以改变自己的行为，甚至是为后代提供更具启发性的基因表征和丰富的人生。

觉知和改变 Vs. 宽恕

我并没有全世界最强的记忆力，而且差得远了。但是，有一段难忘的对话，我不会很快忘记。那是跟我的好友史蒂芬，他是退役的海军，热衷跑步，他的身体自然而然地投射出自信，他的 3 个孩子都已经成年了。我在他儿子的婚礼上认识了他。我感觉得到史蒂芬和孩子之间存在着尊重和爱，但这种相互成就的关系背后，却有段不为人知的虐待史。

某天早晨我跟史蒂芬在喝咖啡，我们聊起父子关系，这时史蒂芬变得沉默起来。他的脸色惨白，眼睛看向上方，仿佛在回忆什么。"我父亲在我小时候性侵了我。"他轻声说。接着叹了一口气，说道："我发誓绝不对我的孩子做同样的事，也不以任何方式伤害他们。"我问他是否还感到痛苦，他答道："我放下它，进入一种容忍的状态。再说，人生总有不如意的时候。"

史蒂芬没有宽恕他父亲，但他接受发生在他自己身上的事，并且学会放下，所以这件事对他来说不再重要。他用自己的方式，与家族情感的严重创伤和解，从那天起，我对史蒂芬更加敬佩。他的故事说明，拥有不堪与受侵害的家族史，既不是一个人施暴的借口，也不能用来预测我们所做的选择。

☆

每个人都得学会培养安全感和信赖感，这个生活工具不代表你需要宽恕伤害过你的人，而是你不该让过去的情绪杂物将你困在一段不健康的关系中。在介绍本章的生活工具之前，我想分享一段在婚姻中受虐的个案经历。

汤姆是个58岁的专业人士，妻子经常动不动就大发雷霆，她对汤姆发脾气，并且在别人面前骂他，利用自己的愤怒来控制他，令汤姆如履薄冰。当对汤姆的家族史有更多了解时，我才知道原来他正在重复一种旧有的家庭模式。汤姆陷入的婚姻，竟然是循着父亲艾德、母亲贝蒂之间相互依存的关系，每当汤姆的父亲艾德用言语羞辱贝蒂时，她总是原谅并且很快就忘记。贝蒂有个酗酒的父亲，对贝蒂的母亲也常常施以身体和言语的暴力。

最后，汤姆开始注意到他跟他母亲一样，发展出一种被虐失忆症，轻易原谅或宽恕配偶的不当行为。为了帮助汤姆克服他的被虐失忆症，我鼓励他记下每次的事件，以及他经常会忘记的受虐事件。借由记录并且重新阅读，使得汤姆的被虐失忆症得以康复，也让他重新看待发生在他身上的事。

有一天，他带着几页的“往事笔记”来到我这里进行治疗。“我无法相信，我竟然容许自己受到这样的对待，”他摇头说道，“这很不正常，也不是爱。这或许是我家族史的一部分，但现在该改变了。”对汤姆来说，说出自己的想法并不是容易的事，但当他这么做时，他的妻子不愿意改变，于是这段婚姻结束了。汤姆非常难过，因为在他的家族的观念中，无论多糟糕都要让婚姻持续下去。同时，汤姆也很开心自己能突破由来已久的婚姻模式，更棒的是，他懂得建立一段双方都快乐且良好的关系。

【生活工具】下载更新的脑部程序，来清洗家庭的情绪杂物

“不要结交坏朋友，不要与卑鄙的人来往，应该学习向善的观念，且与品格高尚的人为友。”

如果说，下载到你脑中的童年社交和情绪程序对你无益，你该怎么做？是因为你比较倒霉吗？幸好我们可以删除原始程序，用最新的关系和情绪安全程序代替。你只需要知道去哪里找，以及如何安装新程序的秘诀。

第一部分

你不会在计算机店的架子上或网络上找到这个程序，因为那是个活生生的、会呼吸的程序，存在于真正的善人身上。这些善人是谁呢？你如何把他们找出来？以下是你要找的几种特质：

· 善人是跟他们在一起时，会让你觉得舒服而且安全。

· 善人能轻松以真实的面目见人。

· 善人经常面带笑容，且用心倾听你说的话。

· 你跟善人是对等的，他们不会老在讲他们的事、他们的生活和他们的问题。

· 善人会展现同理心，理解别人的感受，他们往往充满慈悲心，来替某人说话。或许他们会做志愿者，或是在朋友生病时帮助他们。

· 善人心胸宽阔，不固执己见或武断。善人不会因为信仰、意见或政治理念不同，而排斥或严厉批判某人。

· 善人往往有毅力而且愿意宽恕他人，生命的起起落落以及不公不义，不会在他们心中留下永远的疤痕，因为他们已经学会接受和宽恕。

· 最后，善人愿意支持他人，为他人的成功而高兴，而不是嫉妒或羡慕。他们在你的人生中，可能扮演贵人或是导师的角色。

这不代表善人是圣者、没有盲点，每个人都有盲点。但是，对人生抱持乐观、好奇和热情，经常能弥补这些盲点。此外，你不需要去找一个具备上述所有特质的人，重点在于找到一些人，大致而言是开放且用心待人、亲切，而且他们在时使你感到安全。

接着，考验来了。评估你人生中与你最亲近的人，他们是帮助你取得新程序的善人吗？ 或者他们执行旧的程序，认为："别人的反应不可测、伤人、时好时坏、自私。世界是个危险又怪异的地方，我无法信赖他人，最好保持警觉，以求生存。"当然，这些人可能发自内心地关心你，也是忠实的朋友，但如果他们执行旧的程序，可能使删除我们自身的旧程序变得困难。

目前你只要判断出任何在你生命中，正在执行这个旧程序的人。你不见得要做任何事或改变与他们的关系，但你要觉察到这些人不具备你当前所需的特质。如果有人真的拖累你，很明显不支持你，而且负面又爱批评，使你得不到尊重和安全感，或许你该立即改变。但是这个生活工具的重点，在促使愿意支持你且适应力强的人，帮助你下载新的程序。当你成功地重新输入程序，就有可能成为别人的善人，帮助那些在你生活中曾经受过伤的人。所以，心灵受过伤不是件坏事，人有很多美好的特质来自我们曾经受过的伤。

第二部分

当你找到善人，你已经成功了一半。下一个目标是下载他们执行的程序，做法是与他们节奏相近。每个人的脑，都能体验或反映他人的感受，我们都拥有这种自然能力。在某种程度上，这表示我们要复制和模仿善人，但不代表要放弃你自己的身份认同或自由意志。你还是独立存在的你，你做自己的决定，只是把自己调整到那个人感受到的或拥有的安全感、信赖感，以及慈悲心。这么做能让你感受到程序升级了，你可以自己判断有什么感受、要怎么处理。

按照以下步骤，调整并取得升级后的程序。当有善人在场的时候，你将：

·在你和善人说话或互动时，有意识地留意他的感受。

·特别留意对方的表情和肢体语言。你可以用类似的肢体语言来做实验，看看自己有什么感受。

·在你和善人互动时，容许自己有某种程度的情绪变化和脸部表情。

·容许自己的身心放松，做几次令你平静的呼吸。留意对方的呼吸是否放松。你甚至可以模仿善人的呼吸节奏，或是配合他的呼吸节奏。

·环顾四周，提醒自己是安全的，这样可以使脑部的烟雾侦测器安静下来，你可以视需要经常这么做。你甚至可能注意到在场有令你觉得愉悦的颜色、形状或物体等。

·专心听善人分享的故事。留意故事中是否提到别人曾经帮助过这位善人，来达到他的目标或克服障碍。

·当你分享自己的故事时，务必提到帮助过你的人和事物。

·当你聆听善人的故事时，想象自己也正经历相同的事，感同身受，这样能帮你更了解这位善人。如果这样的理解给予你全新的领悟，而你想跟人分享，就去做吧。

· 离开时，让这位善人知道今天的会面令你很愉快，这么做可以在你准备离开时制造亲近感和安全感。

当你调整到跟对方一样时，你就像创造了新的神经联结，重新建构脑部回路，在脑内安装健康的情绪和安全程序。要有耐心。你不必做到一百分，每次你把自己调整到和善人同频时，你的程序会再度升级。跟别人在一起的时候，也可以执行程序来练习。最重要的是，要享受过程。

第七章　慈悲沟通的省思

“慈悲，是和世间所有生命同为一体的自发性感受，你的感受，我感受到了，我的感受，你也感受到了。我们之间没有差别。”

我还记得2012年12月14日那天，康涅狄格州牛顿市桑迪胡克小学（Sandy Hook Elementary School）枪击悲剧发生的那天。那个悲惨事件将永远烙印在我的记忆中，那天我正在正念工作室，一名学员收到消息后告诉大家，大家都非常震惊，于是我提议静坐一两分钟，为罹难者和伤者祈福。

当天我正在替工作室规划晨间练习，是根据俄国小说家托尔斯泰在1885年写的动人故事《三个问题》（*Three Questions*）而来，这个故事要大家全心帮助此刻在你身边的人，因为生命是宝贵却充满不确定的。桑迪胡克的新闻使我考虑要跳过这个练习，但是，正念意味着与生命中艰困的和最脆弱的部分同在，于是我决定照计划进行。虽然我在叙述托尔斯泰的故事时，难过得说不出话来（大家都是如此），但是这个故事传达的真理，对那天来说再适用不过。我以枪击事件为背景，来分享我为工作室改编的《三个问题》。

三个问题

故事是关于一位对哲学非常有兴趣的国王（想象他的王国就在离你家不远处的树林里，时间在现代定居者到来之前的几百年）。国王想找到三个问题的最佳答案，帮助他做出更明智的判断，三个问题如下：

做每件事情的最佳时机是什么时候？

人应该和哪个最重要的人一起工作？

有哪件事情，无论在任何时候都是最重要的？

这位深明事理的国王，提供非常优厚的奖赏，给提供最佳答案的人。国王的子民对这项竞赛万分感兴趣，不久，信件如洪水般涌来，每个答案都很务实，但国王注意到它们全都有偏颇的地方，例如谁是应该共事的最重要的人？医师的答案是，医师最重要，因为他们会治病；音乐家认为自己最重要，因为人们听到音乐会翩翩起舞，心情也跟着愉快。国王认为，一定有个放之四海皆准的答案。

就在此时，国王得知有位隐居的智者住在山顶的树林中。国王决定找这位隐士寻求解答，由于国王不希望任何人知道他在找这位隐士，于是他打扮成农夫，一大早出发，身边带了一名信赖的护卫和仆人。经过长途跋涉，他终于来到一片茂密的树林，这里有一条狭窄的小径通往山顶。国王认为隐士就住在山顶，于是吩咐护卫和仆人等着，他独自步上小径。

这趟路相当艰巨，茂密的树林黑漆漆，令人毛骨悚然。最后，国王来到一处小空地，阳光穿透林子。果不其然，一位年老力衰的隐士正在花园里挖凿，国王立刻对隐士生起怜悯之心，国王接过隐士的铲子，叫他去休息。国王边挖边问这位隐士三个问题，但隐士没有回答，只是一语不发地坐着，面无表情。不久，太阳照到树的后方，在这片空地投射出长长的影子，国王察觉天快黑了，得回镇上去了。于是他再次问这位隐士三个问题，隐士还是不回答。

国王心想，或许隐士不知道答案，或者单纯不想帮自己，于是打算打道回府。就在此时，树林边有个声音，国王和隐士立刻回头，只见一个受伤的陌生人，一跛一跛地穿过树丛和刺藤，这个陌生人正在流血，快要失去意识，最后倒在国王的脚边。国王毫不迟疑地替这个陌生人清洗伤口，甚至把自己的衬衫当作绷带用来止血，国王知道这个陌生人的生命随时都有危险，于是决定留下来过夜看守这名伤者，好救他一命。国王生了火，替这个陌生人保暖，整个晚上喂水给他喝。最后陌生人的呼吸变得规律并睡着了。

黎明到来，阳光穿过林间，鸟儿也起床，空气中充满优美的鸣啭。陌生人也醒来了，他看着国王，用无力的手指着他，说了令国王震惊的话："我知道你是谁，你是国王，我从村子一路跟着你，想刺杀你。我想等到你下山再动手，但是还没等到你下山，你的护卫看到了我，伤了我。"

"为什么呢？你为什么想做这种事？"国王大吃一惊。

陌生人说，他住在邻国，多年前跟这位国王的国家打仗，"我的哥哥在那场战争中丧生，"陌生人解释，"我的家也没了。所以我发誓要报复。但现在你救了我一命，我知道我错看你了。如果你允许我，我想服侍你，做你忠诚的子民。"

事件的转折令国王相当感动，于是他立刻原谅了陌生人。国王下山去找护卫和仆人，让他们把陌生人带回王国，国王答应给他一个家，还请了最好的医师来照顾他，确保他恢复健康。

陌生人被带走后，国王站在原地，对刚才发生的事依旧震惊不已。国王叹了一口气，看着隐士说："我还是没有从你口中得到答案，但至少我们救了这个人一命。"正当国王转身离去时，隐士终于开口说："国王啊，你自己已经有答案了啊！"

"有吗？"国王带着困惑的表情。

"是的。"隐士点头，"如果昨天你不把我当一回事就离开了，那个人就会伤害你。换言之，你待在我花园里的时间，是最重要的。你对我的年迈心生怜悯，代表我是最重要的人，而你最重要的任务是帮助我。到了下午，那位受伤的先生倒在你的脚边，最迫切的行动是救他。你还不明白吗？ 当下是最重要的。除了当下以外，没有人能控制任何时刻，没有人能拥有未来，也不能用钱买未来，所以最重要的是在你身边的人。此时、此地。最后，你无论在什么时候应该努力做什么？答案是尽你所能，让在你面前的人幸福、快乐。谁说得准未来还有没有这样的机会呢？"

☆

花几分钟回味这个故事。你觉得如何？ 你正在想什么？如何应用托尔斯泰的忠告来面对生命中难以相处的人，特别是那些给你制造许多情绪痛苦和杂物的人？

慈言爱语和慈悲临在的礼物

之前探讨言语暴力对脑部的伤害。研究显示，温暖、舒心和让人平静的话语，能产生相反的作用，让脑部的烟雾侦测器安静下来，使脑部接下来产生安全、信赖和受保护的感觉。研究这个过程的心理学家，将它称为“安全启动”（security priming），也就是说，你可以让人开始用某种方式感觉或思考。启动的概念在我们的词汇中由来已久，许多机车和比较老旧的交通工具，需要多转动几圈油门或是多踩几下加速器来启动引擎，之后才会开启点火开关。当引擎有汽油供它启动，活塞就发挥作用，开启引擎。

安全启动过程的原理与此大同小异。先是让人用不同的方式接收到启动的话语，例如通过阅读、看和听，接着让我们的心做好准备激起正面感受。安全启动甚至被证明能在下意识中运作，只是效果略逊。通过话语的启动，有许多应用方式。安全启动被证明对童年经历过创伤的人有用。就连长期身处战争冲突中而性格多疑的人，在第一次接收到与开放和保护有关的安全启动话语后， 都会变得没那么小心翼翼。在《成人的依附》（*Attachment in Adulthood*）一书中，研究人员马力欧・米库林瑟（Mario Mikulincer）和菲利普・雪佛（Philip Shaver），检视当一个人试图表达自己的需求而焦虑、回避或愤怒时，亲近、爱、关怀等字眼能发挥哪些帮助。当这些人暴露在启动字眼时，会感到更可以信赖、安全和保护，特别是在遇到困难时。一份刊登在《人格和社会心理学期刊》（*Journal of Personality and Social Psychology*）的研究发现，通过启动技术而更有安全感的同时，能提高慈悲心、关怀他人，以及利他的行为。

读过以上三个问题，你是否有被启动的感觉？或许是吧，但无论何时，我们都会被接触到的媒体启动，包括广告、电玩、暴力、新闻、运动等，而且启动的结果有好有坏。重点在于启动影响了我们的思维、感受和行动，这是我们学习的方式之一，了解这点后，何不用充满爱、关怀和宽容的故事，来启动我们和我们关爱的人？

关心和照顾他人，可以被认为是一种安全启动的方式，让对方感到安全。虽然我们不见得有能力使他人快乐，却可以让对方感受我们的慈悲，慈悲的语源是“与苦同在”。

你认识的人中，谁不曾受过苦？如果你拥有人的身体和心智，那么在你的人生中，一定经历过失去、悲伤和难过。我并不是要“搞阴郁”，但事实就是如此。但也就是因为如此，才使我们联系在一起。意思是说，你跟走在街上的某人并没有那么不同，我们也因此有勇气去接受失去，并且深刻体会此刻，特别是和站在我们身边的人。

托尔斯泰的故事让我们想起，每个人拥有可以对他人付出的真正天赋。但是有多少人会在不需要言语时，刻意选择抱着慈悲心，静静地坐在他人身边？当我们和别人在一起时，很容易就进入自动导航模式，事实上心理学家已经发现，我们的心喜欢启动快捷方式，这么做有某些好处，但也可能导致对他人骤下论断，我们在自动导航的模式下，可能错过他人的美好和独特性，自动导航模式或许让人有安全感，但那只是表面。

你最近一次跟别人坐在一起是什么时候，而且没有特别的目的，只是付出你的慈悲心？我在工作室中，在介绍完托尔斯泰的《三个故事》后，请每个人找一位伙伴，接着和伙伴安静地坐在一起 3 分钟，面对彼此。当我在说明这个练习的时候，看见学员一开始的担忧，但我提醒大家不要盯着对方，而是让心变得开阔与充满慈悲，从心底想与对方联结，跟他人在一起。参与者在这项练习后通常有什么反应？你认为你又会有什么反应？我看到了学员的各种反应，有些二人组无法抑制地大笑，有些避免直视彼此，还有人表示这是个超越经验的深度体验，很像是在照镜子。

你也可以自己试试看，只是务必让伙伴了解这个练习，而且敞开心胸地接受，最好不要抱着期待，至于练习完后要不要互相讨论，由你们决定。或者，光是省思托尔斯泰的故事就已经足够，你也可以跟接下来要见面或互动的人分享心得，看看这会不会改变你表达自己的方式，并且使你对此刻身边的人，有不同的欣赏角度。

【生活工具】启动彼此尊重和亲切的沟通

语言是联络感情、让他人产生安全感的工具，有智慧的话语让我们对他人产生信赖感，不经大脑与恶意的话语会制造痛苦和隔阂，缺乏耐性、愤怒、反应式和颐指气使的话语可能把对方逼走。如果你一直在接受类似的话语（谁没有呢？），那你就知道这对人际关系会带来多大的伤害和痛苦。

以下是说出慈爱又有智慧的话语时，需要注意的5点：

1. 在对的时候说。这点经常等于“不说”，特别是当你心烦时，冷静一下会比较明智，等到平静下来，能够客观地表达意愿而不升级争端时再说。

2. 说话要诚实。诚实能让一个人说出可靠和有智慧的话，因为它能提高他人对你的信赖。诚实也代表审视内心，放下所有妨碍你诚实的因素，包括嫉妒、贪婪和自私自利。此外，诚实不表示你可以借由宣称自己只是实话实说，就可以说伤人的话，或者成为说话伤人的正当理由，因为这么做就是冷酷、刻薄或是存心不良。

3. 话语要慈爱。无论你说什么，都要尽量用慈爱和温柔的语调表达。表达感受很重要，如果你不能平心静气地说，就等到可以用爱意和温柔说话时再开口。

4. 用有益于对方的方式说。对自己要说的话谨慎、三思。确保你的言语对他人有益、有帮助而且慈悲。换言之，不要聊八卦或把言语当作武器。

5. 不要为说而说，说话要发自内心。即使你不同意对方，也要用尊重人、不责怪也不批判的方式说话，要让在场的每个人都听到，而且感觉已经被理解。这不代表你不能因受到言语暴力而捍卫自我。只是说要在可能的时候去培养并且深化你和对方的关系。

最后，请省思以下问题：

· 在家中或工作场所练习有智慧且慈爱的说话方式，最大的困难是什么？

· 如何运用柔软话语启动安全感，使你在遇到生活中的困难时更加平静？

· 你的安全启动中，有哪些话语或故事？

· 有什么小方法，可以对自己的感觉更加透明和真诚？

第八章　种下友谊的种子

“记住，这条路绝不会像它的外表那样艰难，除非你抗拒。现在你们之中有许多你的老师，而你也是众人的老师。当你传送爱给陌生人时，你就成了天使般的传信人。”

你有没有一部最喜欢的关于友情的电影？ 无论是恐怖片、动作片还是西部片、科幻片和儿童故事动画，几乎每个种类的电影，都会有友情的元素在。以下几个关于友情的电视节目或电影，说的多半是彼此对立的双方如何克服冲突，创造永久的、深厚的情谊的，如《星舰迷航记》的寇克舰长（人类）和斯波克（火神星人）、《僵尸肖恩》中的肖恩（活人）和艾德（僵尸）、《阿呆和阿瓜》中的哈里和罗伊、《甜心先生》的杰里（落魄的运动经纪人）和罗德（贪心的足球员）、《良缘知己》的劳拉（即将结婚）和艾米利亚（郁闷的单身族）、《致命武器 2》的墨陶（顾家的警察）和瑞格（有自杀倾向的警察）、《谋杀绿脚趾》中的督爷（老傻瓜）和沃特（紧张的家伙）、《天生冤家》中的费利克斯（一丝不苟的洁癖）和奥斯卡（超级懒惰、邋遢）、《玩具总动员》的胡迪（传统的牛仔玩具）和巴斯光年（未来玩具）、《威鲸闯天关》中的杰西（小男孩）和威利（杀人鲸）、《哈利·波特》的霍格沃茨三人组哈利、赫敏和罗恩。

这些电影中的友情有个共通点，就是只有真正的朋友，才能通过生命经历，打造共同拥有的深厚情感和联结。和朋友在一起时，你会放下防备，让别人看见真正的你。虽然这么做可能有点风险，却有具体的好处。但是，首先来想想相反的状况：如果我们孤独一人，没有朋友或是支持你的人际关系，结果会怎样？或许这么做有其理由，但那对我们的人生会有什么影响？

结果是，孤独对情绪和身体健康会有负面影响。研究显示，没有家人或朋友，对健康的坏处等同于酗酒、每天抽 15 根香烟或是肥胖。一份刊登在《PLoS 医学》（*Public Library of Science Medicine*）期刊上的综合分析评估报告，在看过 148 份不同的研究（受试者共超过 30 万人），检视社交关系对健康和死亡率的影响后，得出一个结论："社交关系对风险的影响，可以跟公认的死亡风险因子相比。"事实上，如果有强大的社会支持，长寿概率会提高 50%。

其他研究指出，随着人慢慢老去，友谊变得更加重要。一份出版在《流行病学与小区健康期刊》（*Journal of Epidemiology and Community Health*）的研究中，追踪超过 14000 名 70 岁以上的人长达 10 年，通过控制健康指标、生活习惯等变量后，他们发现社交网络可以作为保护因子，提高年长者的存活率。

如果说祸不单行，那么福也不甘寂寞吗？友情能影响我们的情绪状态吗？快乐不仅会结伴而来，而且会传染。哈佛医学院和加州大学圣地亚哥分校的研究人员，率先研究了快乐等情绪如何间接传播，他们追踪超过 45000 人及与之相关的 55000 个家庭和社交关系，发现快乐像感冒一样，通过接触传播开来。数据显示如果我们的朋友之中有一位是快乐的，我们快乐的概率会提高 15.3%。如果我们的朋友有个快乐的朋友，我们快乐的概率会提高 9.8%。此外，快乐散播的速度根据彼此距离的不同而不同，如果朋友、兄弟和亲戚住在远处或在别的城市，对我们的快乐影响就很小，住在附近的影响较大。此外，面对面接触制造的快乐程度高于用电话或者网络。

友谊的滋养效果

50 岁的洛依德因为走不出丧父之痛而来找我，他就是个孤立而且孤单的例子。“我无时无刻不想他。”洛依德说。他说，当父亲的身体每况愈下，他把所有时间都用来照顾父亲。因为父亲住在数百英里外，所以洛依德搭礼拜五晚上的红眼班机，以便整个周末留在那里照顾父亲，到礼拜天下午回家，洛依德就这么持续 3 年直到父亲过世。洛依德充满慈悲与爱的孝心让人敬佩，我为此深深感动，问题是他渐渐失去朋友，现在他的社交网络出现了一个大洞。

“为了跟父亲在一起，”他解释，“我不再跟朋友见面，我父亲的朋友全都是年长者，他们成了我的朋友。其中有些人现在也不在人世了。”洛依德的父亲过世后，接下来的 3 年他除了工作外，其他时间都是孤零零的，再也没有把社交网络重新建立起来。我们谈到交朋友以及把父亲的故事告诉别人，或许能帮他走出伤痛，他也同意那会有帮助，只是不知道从何开始。为了跳出这个循环，我直截了当地问他过去是怎么跟人联络感情的，他说他是通过运动认识朋友，例如加入篮球队。

于是，我们找出洛依德家附近的几支篮球队伍，他也打了电话去了解详情。洛依德再次参与工作以外的活动，也开始发展新的友谊，再次与他人建立良好的互动关系，这些帮助他一扫阴霾，继续前进。友谊能帮我们疗愈过去的伤痛和失落。

☆

朋友能为你的生活增添什么？让我们花几分钟看看内心，省思你人生中过去和现在的友谊。在你审视以下清单时，留意有哪些特质使你快乐、感到安全和被保护，哪些友谊可以展现其中一些或许多特质。

如果有个宝贵的友谊，痛苦地收场或变调了，看看你能否用慈悲来接受这个结果，如此一来，你便能为自己难过、受伤或失望等感受创造空间，并且接纳它，你也因此了解，建立新的友谊是可能的。

· 朋友接受我们原本的样子，哪怕是有缺陷或明显的差异。

· 朋友在我们需要成长和学习时，能挑战我们。

· 朋友重视我们的意见。

· 朋友对于我们特别感兴趣的事物也感兴趣，而且会激发我们最大的能力。

· 朋友真心为我们的成功和成长而开心。

· 朋友会倾听我们的秘密而不批判我们。

· 无论是顺境或逆境，朋友都会忠实地站在我们这边。

· 朋友由衷地在意我们。

· 朋友支持我们，并乐意作为我们的资源。

· 朋友当我们的靠山，让我们感觉安全且受保护。

· 朋友把最深的感受和情绪告诉我们。

· 友谊会随着时间推移而加深。

- 朋友可以成为我们的导师、向导。
- 朋友给我们情感和归属感。
- 朋友分享生活点滴，使我们感觉生气蓬勃，充满喜悦。

花时间探索你的友谊需要有个人洞察力。如果你想要有更多朋友，请想象自己对另一个人做以上的事。如果真有什么充满智慧的配方，教导我们通过付出（而不是拿取）来培养持久且充满爱的友谊，我推荐以下几句话：

有恨的地方，让我播下爱的种子。
有冒犯的地方，宽恕；
有怀疑的地方，信念；
有绝望的地方，希望；
有黑暗的地方，光亮；
有难过的地方，喜悦……
愿我不求他人安慰，只求安慰他人；
不求他人谅解，只求谅解他人；
不求他人爱护，只求爱护他人；
因为在施与中，我们有所收获。

三颗友谊的种子

我大学毕业后的第一份工作，是在我家的家族企业工作，这份工作完全不是我喜欢的。那是事务性工作，办公室在芝加哥市区，尖峰时段从西北郊区出发，在高速公路要开很久。办公室的少数几个亮点之一，是一个名叫修伊的人，他跟我年轻时期遇到的人都不同，他以顾问的身份，来修改公司老掉牙的会计系统。

计算机在当时是新玩意儿，修伊满腔热血，兴致勃勃地用计算机来更新会计程序，而他那股劲儿也感染到他人，除了我父亲和他的事业伙伴以外。当修伊主张改掉几个办公室的旧习时，几乎是寸步难行，我为他难过。我们一起吃午餐时，他会告诉我他过去的丰富阅历，例如他曾经担任过某大铁路公司的副总裁。修伊大我约 30 岁，不过我们还是成了朋友，在我一段不知所措、对未来感到彷徨的时期中，他的轻松自在鼓舞了我。

修伊曾经有过辛苦的时候，包括离婚和财务危机。当时我还住在家里，正在设法省钱，好跟一位大学的朋友合租公寓。就在那段时间，修伊向我借 500 元，这对当时的我来说不是笔小钱，但我还是借给他。当我把这件事告诉父亲时，他大吃一惊，说："你这笔钱就有去无回了，他穷到身无分文，欠你的钱你这辈子都不指望他还了。"长话短说，修伊如约地还钱给我，他知道我需要这笔钱，重点是，我从来没有一分钟怀疑过他会不还钱给我。父亲得知此事，惊讶得说不出话来。

但是在此同时，我觉得幸好当初决定借钱给修伊。作为朋友，我愿意相信修伊会尽最大努力还我钱，即使不还，我也能接受。我是出于慈悲而借他钱，因为我的朋友需要。现在回想起来，我明白了修伊和我已经种下友谊的三颗种子，那就是信赖、接纳和同理。

【生活工具】种下信赖、接纳和同理的种子

请阅读以下三颗种子的说明，然后省思，或回答下列问题。

信赖的种子

信赖对所有人际关系来说都很重要，因为没有信赖就没有关系，彼此就没有亲密感或安全感。培养信赖感的 3 种方式如下：

1. 相信自己的直觉。注意任何警讯，例如揪心的感觉，或者心里的小问题或怀疑。如果有个警讯告诉你不安全，你可以随时放慢步调，直到疑虑或问题获得解答。

2. 不要贸然信赖。信赖需要时间培养，人在一段关系中受到伤害的理由，经常是因为他们还不确定对方是否值得信赖，就贸然把自己摊在阳光下。治疗室中设有保密的道德规范，目的是保护个案的安全，使他们产生信赖感。在人际关系中，我们也需要这些规

范，只是这些规范不是白纸黑字写在专业揭露声明书（professional disclosure statement）中。刚认识的朋友或许很有趣又令人兴奋，但要让友谊自然增长，大橡树不是一夜之间冒出来的。

3. 诚实而且透明。诚实不表示用你个人版本的“真实”来打击他人，诚实代表你真诚、不欺瞒，朋友可以信赖你的言行。

接纳的种子

接纳是滋养友谊的第二颗种子。接纳是认知人无完人，即使是你这辈子最要好的朋友。以下是培养接纳的 3 个指导原则：

1. 留意自己和对方的弱点，不要太严苛。接纳不代表要接受粗暴的言行，而是对粗暴的言行可以比较宽容和开放。接纳意味着给朋友更多空间，让他们觉得做自己也能被接受。

2. 支持你的朋友，并且表现你为他们高兴。友谊不是竞赛，而是一种支持，为朋友的成功表现喜悦，就像站在赛场边的吉祥物或啦啦队般，即使朋友的选择与你的选择相抵触也该如此。

3. 在朋友不太完美时，练习宽恕。朋友可能令你失望，但依然是个可以信赖的朋友，宽恕带你超越失望和愤怒，也是学习放下和忘掉的好方法。

同理的种子

有了同理心，就可以和朋友做深度沟通。我们可以感受他们的需要，也能分享慈悲乃至喜悦等各种情绪。同理是进入亲密、爱和彼此关怀的途径，以下 3 个方法，教你如何开启同理心这股联结彼此的力量。

1. 同频、联结并且倾听朋友。当我们和对方的情绪与感觉同步，就能够了解当自己在对方的处境时是什么感受。当朋友难过时，倾听对方的话并感受他的难过，从而与对方产生联结，而不是劝朋友不要难过。同频能拉近两人距离，之后你又能从理性的角度，来探讨朋友的情绪。

2. 放慢你的呼吸，让空气进入你的身体。呼吸让你不再专注于自己的想法，与朋友同在当下，感觉对方的感受，能创造你们之间非常紧密的联结。

3. 让自己跟着朋友同乐。有些人很容易就把生活中的抱怨和担心往朋友身上倒，的确，朋友能帮助你面对痛苦，但友谊是分享生活中的各种情绪，就好比诗人鲁米（Rumi）曾经提醒我们的，“人们希望你快乐，所以不要一直把痛苦丢给别人！”

接着，问自己以下问题：

· 我跟朋友交往时，哪些地方做得很好？哪些种子使我们的友谊坚定、持久？

· 哪些种子使我的友谊更完整？

· 我可以为目前的友谊或新的友谊，种下哪一颗种子？

· 我可以做哪一件小事，让朋友知道我可以被信赖、我接纳对方而且有同理心？

第九章　倾听之爱

“你可以说个不停，但你说得越久就越糟糕，说得越多离事实越远。”

电视上有很多“谈话性节目”，但却没有“聆听性节目”。谈话和聆听对沟通来说都是必要的，但基于某种理由，说话似乎较具吸引力。某种意义上，谈话可以被视为一种“拿取”，当你说话的时候，你是在抓取别人的注意，你“给出”你的意见，而不是接受别人的意见和想法。伟大的演员和演说家“拿取舞台主导权”，那么你认为，是谈话比较重要，还是聆听比较重要？你最依赖的是何者？谈话还是聆听使你心情更愉快？

如果我们诚实，谈话大概会让我们心情比较好，特别是当我们在谈论自己的时候。就拿社交网络为例，根据某些调查，超过75%的帖文都在播送某人当下的、主观的经验，哈佛大学的研究人员想了解人类的这种需求，于是将脑部造影和认知方法并用，来了解当我们自我揭露时脑部的变化，研究参与者可以从谈论别人的意见和中性话题而获得一点钱，而谈论自己的意见、感觉或个人经验，则会丧失这笔可能到手的钱。这份刊登在《美国国家科学院院刊》（*Proceedings of the National Academy of Sciences*）的研究发现，人宁可谈论自己也不想赚钱，为什么谈论自己是如此让人满足呢？研究人员得知，自我揭露能刺激脑部愉悦、满足和奖赏系统，同一套系统也被食物、性、金钱等启动。然而，光是说话不足以增进了解，而且无助于真正的沟通。只有通过聆听，才能真正进入他人的内心世界。

真正的聆听，究竟是什么意思？乔治·华盛顿·卡佛相当于植物界的托马斯·爱迪生，他发现花生有超过300种用途，卡佛的秘密武器是听。他会一大早起床，吃一点早餐，凌晨4点以前就全心投入花生和他研究的其他植物，“有些事情，”他说，“经常是很微不足道的事，例如小小的花生、小小的一块土、一朵小花，使你往内心看，于是你就看到万事万物的灵魂。”

卡佛了解到，倾听不是消极被动，最好的倾听就是专心听，如此我们才能保持正念，以尊敬的态度，用心让对方感受到我们与他同在而且关注他。如果我们只是随便听听，例如在交谈的同时发短信或在电脑上打字，就相当于转身远离正站在我们面前的人。

清除情绪杂物以便好好聆听

当我们因为旧的惯性反应而发火，特别是被熟人的情绪杂物引起，这时脑部的聆听能力就会被关闭，贝丝就是如此。这位35岁的女性，觉得自己经常被母亲挑三拣四，她告诉我：“假如我给孩子自由的空间，我母亲就指责我不用心，如果我帮孩子做作业或替他们规划活动，她又说我是个直升机妈妈，总之我做什么都不对。”

每当贝丝的母亲打电话来，她的防卫系统就会进入高度警戒状态，她会神经紧张，往往会心烦或愤怒。贝丝成了脑部生存机制的受害者，这是因为脑部的电路已经设定对任何威胁做出防卫式反应，包括她察觉到的威胁，甚至是自我的威胁（当然，如果我们没那么执着于自我的需求，就比较没有理由生起防备心）。

为了了解情况，首先要知道脑部如何处理我们听到的东西。声音从听觉神经来到脑部的语言处理中枢，也就是韦尼克区（Wernicke's area），但首先脑部的烟雾侦测器（杏仁体）会收到信号，杏仁体会截取所有来自感官的信息，包括视觉、听觉、触觉、味觉、嗅觉，甚至颈部定位肌肉，以便察觉所有的潜在威胁，贝丝听到母亲的批评之后，启动她的防卫系统，从而妨碍她在当下倾听和反应的能力。

这种设定为什么是与生俱来的？只要想一想人类早期的演化史，就说得通了。在那个时期，对丛林中咆哮的老虎做出自动反应，可能救你一命，如今我们的生存系统无法分辨我们面对的是吵架、求职面试、吵成一团的会议、关键时刻，还是一只饥饿的老虎。

为了帮助贝丝克服这种预设反应，我给她 4 个简单的指令。这些指令的目的，是帮助她离开旧有的情绪杂物通道，不再启动防卫系统，不再关闭聆听能力。她可以用这个方法听到母亲话语里的真正意思，领悟到不同以往的意义。以下是 4 个简单的指令。

1. 针对这次的对话，丢掉所有关于这个人的假设。我请贝丝在对话过程中，刻意丢掉她过去的惯性反应，在那之后她随时可以重拾过去。

2. 注意声音语调、身体语言、手势和脸部表情，把自己置身在对方话语所要表达的情绪之中。这么做的理由，是我希望贝丝不要陷入母亲说话的内容，而是更深入母亲想要表达的感觉。

3. 要对你的沟通对象好奇。我要贝丝想象她正在跟一个有趣的陌生人交谈，以破除因为彼此熟悉而造成的反应模式。把母亲当成是第一次见面的人，可以让贝丝放下预期心理，不再觉得对方是来找碴的。

4. 留意你对这个人的看法是否正确，或只是你出于惯性的想法。这个目的是帮助贝丝跟自己的想法创造适当的距离，并学会评估自己的想法。当她在当下判断想法的正确性时，也就准备好了改变自己的想法，而不是不假思索就做出反应。

贝丝回来见我，她说她对母亲的观点有了大幅转变："我跟她说话时，听到很不一样的内容，我听到孤独。我认为她试图和我联络感情，但不知道怎么做。看到她那么孤独，让我很难过。很久以来，我第一次替她感到难过。"

贝丝通过以上练习，学会了后设认知（metacognition）这个重要的正念技巧，也就是往内心省思，来评估她的想法和判断。后设认知在教育界早就是获得认可的学习方法，有了后设认知，我们就可以分析自己的想法，而不是妄下论断。这个正念的能力，让我们退后一步，在我们和自己的想法之间创造出空间。

把后设认知用在倾听上，让我们在自身与自己的被动反应之间，制造出一段有益的距离。后设认知让我们检讨自己对某件事的想法，以免骤然做出反应。举例来说，当我们侦测到自己对某种状况或对话的评估有不正确的地方，就可以改变航道，例如问一个问题来澄清，甚至可以挑战自己下意识的想法。

你是否曾经有过机械式、被制约的思维方式？实时判断的速度之快，以致我们会跳过反省和再次评估的步骤。我记得曾经有一个治疗师同业，问我能否与他合著一本书，我不经思考就回答了“不”。但是经过片刻的省思，让我认知那是个机械式的反射性回答，于是当下我为自己的立即拒绝道歉，并且请他告诉我他的构想。幸亏有了正念的省思，我才能倾听并专注当下，逃离制约自己的情绪杂物。

臣服于深度理解

“洼则盈，敝则新。”

跟别人交谈时，你的杯子有多满？如果你自己的意见、想法和点子多到从杯子里满出来，就不再有空间可供别人分享或贡献了。你是否有曾经试着跟别人分享某件事，但对方的杯子装得太满而听不进你的话的经验？倾听的技巧从远古就有了，最初是2—3世纪的独行僧所用，由他们开始通过沉思做细部调整。这个方法叫作圣言诵祷（Lectio Divina），也就是清空杯子，臣服于接受、倾听和理解的深度新方式，虽然这个名词严格说来应该翻译成神圣的阅读，但圣言诵祷其实是在神圣地倾听。

这就是放下过去的信念，更深入了解自己和他人的故事。阅读经典，或是任何深沉的聆听练习，会改变我们对自己事情的感受。通过有意义的写作、雕刻、作诗或摄影，放掉理性和受制约的想法，敞开心胸接受发现的过程。这过程通常包括重复阅读一小段文字——慢慢把焦点缩小到对读者说的一个短句或字——直到更深的意义从中展现出来。就是这种深度理解，带领你走进你的故事里尚未被探索的部分。阅读之后有时会接着发问，例如问自己："我听到或看到什么？我需要怎么做，来处理我之前所没有的理解？"

这么做，最终使你接纳自己和他人的故事，并且带来宁静、安详的感觉。美国的纳瓦霍人（Navajo），也会通过祭典、舞蹈和绘画来治疗，创造出与圣言诵祷相同的探索感与和谐感。任何人都可以用这种方式学会倾听，清空先入为主且充满批判的思想，让我们每次为杯子注入几滴芳香剂，确保永远都要留下一些空间。接下来的生活工具综合本章的概念，帮助你每天练习更具深度、更慈悲的倾听。

【生活工具】如何倾听？

我们需要新的方式来自由倾听和沟通，让我们保持开阔的心胸、创造力和慈悲心。无论有什么情绪杂物，在对话或沟通过程中妨碍到你，请用以下简单的 HEAR，进入更宽阔且较少防备的觉知。HEAR 是抱持一切假设（hold all assumptions）、进入情绪世界（enter the emotional world）、吸收和接受（absorb and accept），以及省思而后尊重（reflect then respect）。

H：抱持一切假设

为了真正和对方进入不设限的空间，务必放弃之前抱持的假设。清空你的自我，生起好奇心。即使你自觉遭到批评，也要清空心灵杂物和意见。放下各种假设，代表你正进行一项客观的真相寻找任务，但这不表示你不能继续为自己辩护或保护自己。对这个人抱着好奇的态度，例如他或她怎么会有这种想法？ 这个人有哪些地方需要关心？他或她是基于恐惧或担忧才这么说的吗？

E：进入情绪世界

当你排斥某人的心情或信念时，会发生什么事？假设你跟一个愤怒的人说："生气是很愚蠢的事，你说的我一句都不听。一点都没有用。等你平静下来，会想得比较清楚些。"

不要提供答案、要求或命令，因为这些可能火上浇油；试着用同理心，进入对方的情绪世界。进入的意思是与他同感片刻，感受当自己处在他的情况下会是什么样子。你或许会回答："我从没见过你这么生气（或难过、苦恼、沮丧等），可以帮我了解你究竟怎么了吗？我真的想知道你的感受，这样我们就可以一起解决问题。"同理心近似于柔术这种武术，采取借力使力而不是直接跟对方硬碰硬。以脑科学的用语来说，同理心等于是拥抱苦恼的人的杏仁体。

此外，还要留意情绪背后的弦外之音。你一边注意这些身体语言、手势和语调，一边在心里预演一次、感觉一次。有没有什么领悟或没有说出来的事情，是你想要表达的？借由进入对方的世界，就能更成功地和对方接轨。

A：吸收和接受

你知道传话游戏吗？这是让大家围成圈圈，将一个词语或句子轻声说给下一个人听。等词语或句子传到最后一个人时，通常已经跟最初的差了十万八千里，可见我们很容易把自己听到的做出错误诠释，这也是为什么我们需要抱着愿意理解对方以及开放的心胸去倾听，来吸收对方说的话。

想象洗脸台上的海绵如何吸收水分。吸收另一个人的观点往往需要时间，所以需要问问题来澄清。吸收需要倾听、理解、发问，然后用你的话重述一遍，确保听懂了。

我们或许能吸收别人说的话，但是少了接受，吸收的东西不会持久。我们必须接受，才会理解对方的观点。接受不代表一定要同意，而是对他的感觉保持开放的态度。

R：省思而后尊重

省思是后设认知的步骤，也就是暂停一下，向内观照思考你刚才听到的。你或许还没有准备好立刻响应，这时可以暂停一下。省思是留下空间并保持开放，以便倾听你内在的智慧和慈悲。有时候，省思是走一段很长的路而不试图获得答案，把你的顾虑告诉一位有智慧的善人，或许有助于你的省思。

当你准备好回应时，要抱着尊重和慈悲。不要在生气的时候回应。当你的心充满智慧、爱和尊重时，就是开口回应的好时机。

第十章　扩大你的族群

“人类是我们称之为宇宙的这个整体的一部分，受限于时间和空间。他的感受、思想和感情都有别于他人，这是一种能见的意识幻觉。这种幻觉是我们的牢笼……我们的任务，是让慈悲扩大拥抱一切众生和整个美丽的大自然，以摆脱这个牢笼。”

在城市、国家发展之前，人类自己组成“部族”这种群居的团体。今日的部族一般被称为“社群”，可以被想成是任何互相往来，而且有一套共同社会价值体系的团体，因此，社群（或团体）可以是你的家庭、一群分不开的朋友、某个团体，甚至是某种职场文化。你强烈认同而且有密切往来的社群有哪些？我们不见得是自己挑选社群，有时我们会拥有和社群一样的世界观，并将它视为真理。

花点时间，思考你的团体或社群如何看待外面的人。他们用怀疑的眼光看待观点与他们相反的人吗？他们是否敞开心胸，接受外面的人？你对社群——家庭社群、文化社群、博客社群、朋友社群和职场社群——的忠诚和服从，对你的世界观有何影响？

你是否曾经听过铭印（imprinting）？鸡、鸭、鹅之类的动物，在非常幼小的时候会和父母黏得很紧，它们会本能地跟着第一个遇到的会动的物体（通常是妈妈）到任何地方。这个过程叫作“铭印”，而年轻的动物也是用这种方式学会重要的生存技巧的。科学家从以前就知道，鸟类铭印的对象可以是人类，甚至是洋娃娃或棍子等物体。

铭印以及跟家庭等团体联结，是帮助人类存活的重要因素。但是，如果你的社群能让你学到的并不多，这时你该怎么办？就以电影《返家十万里》（*Fly Away Home*）的情节为例，电影中一群离开父母的加拿大雁，被一户人家收养，于是这群大雁就把他们当成自己的父母，不幸的是，人类很快就知道他们的“雁家人”活不过冬天，因为大雁必须仰赖知道移居路线的“前辈们”教导、带领，为了弥补这方面的不足，这群大雁要学着跟随一架低速飞行的超轻型飞机，从加拿大安大略省一路飞到弗吉尼亚。在真实生活中，飞行员比尔·立绪曼（Bill Lishman）真的做过这件事，他用超轻型飞机教导雁群迁徙，而当这群鸟类学会了路线，往后每一年就都能成功展开迁徙的旅程了。

翻译社群的信息

毫无疑问，各个不同的社群都会勾勒出一幅地图，界定了什么才叫作成功，什么样的个人的特质可取。有时这是以清楚的方式表现，例如媒体、法律、通俗文化和各个组织，界定可以被接受的行为和价值。有时的信息则比较微妙。几年前，我在飞机上坐在一名日裔商学教授旁，他当时带着东岸某知名商学院的 MBA 学生到德州旅行，正在回家的路上。他们在那里参观了一家非常成功的计算机公司，他说，这家公司的座右铭是“制胜的文化”（winning culture）。他觉得这个座右铭太过偏狭，忽视了互助合作的重要性，他觉得应该要多一点和谐、少一点“我们”“他们”的分别，但显然这种制胜的文化已经嵌入德州这家公司所传递的信息中。

将所属文化、机构和家庭相信的事奉为圭臬，是很自然的事，然而最重要的在于你了解哪个观点是最要紧的。举例来说，只因为你的家族社群教你“不准哭”，不代表你身为成年人必须压抑自己的情绪。只因为某位运动教练教你不计代价也要赢，不代表人生就是非黑即白，非赢即输。

或许更大的问题在于：你的社群的观点是包容的，还是排外的？这个观点是否让你像爱因斯坦说的，“扩大你的慈悲圈，拥抱所有众生和整个美丽的大自然界”？这个观点是否鼓励大家从受限的“我”的观点来看待事物，还是鼓励更宽容、宽恕且接纳“我们”的观点？你的视角是否容许你尊重非你社群的人，并为他们留下空间？

好消息是，没有人会永久被特定的氏族或社群限制。你永远可以创造自己的社群，找到一群心意相投、开放且有慈悲心的人。你或许可以用这个方式，把世界塑造成更包容和更温暖的地方。

当我们赢在一起：通过对话沟通

“以己推及人，不杀不教杀。”

你是否曾经跟某人讨论某些话题，如宗教或政治，但就是没有达成共识？即使你尊敬对方，但双方看法的差距就像大峡谷一般宽，人为什么会避免谈论这类话题呢？不是话题本身容易引爆争端，而是我们对于自己社群的观点太过执着且忠诚了。

运动队伍就是我们强烈认同的社群之一。我还记得我和杰夫去看职业篮球队波特兰开拓者队（Trail Blazers）的比赛，结果开拓者队赢了比赛，走回车子的时候，我注意到杰夫跟我因为开拓者队赢球而非常高兴，当然这代表丹佛金块队

（Denver Nuggets）的球迷不高兴。我为丹佛金块队的球迷难过，但丹佛金块队的球员不是真正的输家，他们所回的家多半是拥有许多设施的好房子。尽管如此，我还是问了杰夫这个问题：如果不同的队伍之间有更多合作，于是没有赢家也没有输家，会是什么样子？我们两个都觉得很好笑，一致认为那么一来所有运动都会消失。运动比赛仰赖我们对特定队伍或城市的感情和执着，我们深深地认同这点，于是会希望看到自己的队伍赢得比赛，因为那是我们的社群。

幸好，团队运动也给了我们反面的教训。一再证明当队伍中只有一位超级巨星，不能赢得比赛，一个队伍里有两名自私的超级巨星也不会赢。迈克尔·乔丹不是靠他一个人赢球的，他需要整个队伍。赢得比赛只是团队成功的衡量标准之一，身为团队的成员会因为赢得比赛而精神奕奕，受到鼓舞，这象征了我们如何与他人分享、沟通、关怀和包容。

同样地，如果我们想成功，就要容纳在我们圈子中的其他社群。物理学家戴维·伯姆（David Bohm）等人，曾经探索过其中一种令人感兴趣的研究，叫作“对话”（dialogue），可翻译成“通过话语”。本质上，对话是段过程，在这个过程中要放下自己队伍先达标的念头，在这个过程中要求我们深入自己的过去，看看有哪些假设（文化等方面），使我们找不到跟对方的共识。伯姆在《论对话》（*On Dialogue*）中写道：

即使是小团体的人，都会遇到沟通困难的问题……为什么？理由之一，在于每个人都有不同的假设和意见，那些是基本假设，而且不光是肤浅的假设，例如有关生活的意义、你的个人利益、国家利益或宗教利益，关于你认为什么才是重要的假设等。此外，这些假设在遭受挑战时，人们会捍卫它们，人们经常忍不住要捍卫，而且往往用非常情绪化的方式来捍卫……

重点是，对话必须进入假设背后的所有压力，进入假设背后的思维程序，而不光是假设本身。

对话的关键之一，是探索何谓绝对必要性，也就是嵌入最深层想法和感觉的信念。文化、宗教等不同社群间的冲突，往往是因为每个人紧抓的绝对必要性迥异且互相抵触。有时绝对必要性是导致冲突的隐藏因素，以下是与绝对必要性背道而驰的例子。

文化的绝对必要性（一） 支持言论自由作为民主和自由表达的核心基础。

文化的绝对必要性（二） 支持针对不道德或碰触他人敏感议题的媒体言论进行审查。

文化的绝对必要性（三） 支持守时，否则就是不可靠、失礼而且杂乱无章的人。

文化的绝对必要性（四） 支持努力、准备和热情。做时钟的奴隶不但没有意义，而且表现出一个人缺乏创造力。

我记得有一次一位朋友开始在网络上交友。我问他在咖啡馆的第一次约会如何，他觉得进行得很顺利，双方对彼此都有好感，而且约了再次见面。后来他想起对方不附和他的宗教理念，于是第二天他就因为自己的绝对必要性，而取消了再次约会。

我曾经在工作室中，请大家思考自己的绝对必要性，许多人都不想去碰触。想象两个人的绝对必要性分别是信上帝跟无神论，他们之间的对话会是什么样子的。放掉属于自己一大部分的某件事会让人害怕，但是清除情绪障碍本来就不是容易的事。

看清阻止自己包容他人、与他人合作的障碍——并且愿意放掉，哪怕只是暂时——这么做的好处是可以清除隐藏的情绪障碍。

我们无法控制对方是否宽容，且愿意放下他们的绝对必要性。幸好似乎有个重要的因素能超越我们对社群的认同，而这么做能提高我们对外人的慈悲。一份刊登在《心理科学》（*Psychological Science*）的研究发现，凡是对某个团体有高度忠贞或忠诚度的人，不会不假思索就拒绝其他团体中类似的人，原因来自一个人的道德信念。研究人员发现，有强烈道德信仰的人，比较没有攻击外人的冲动，这份研究在不同状况下，证明有强烈道德认同的人比较可能谴责暴虐行为，同时会有限度地跟陌生人分享食物。这些附带的信息则充满希望。一种深度的道德感，帮助我们领悟自己终究都是同一个团队的一分子。虽然我们无法控制他人，但是扩大我们的理解、松绑自己的绝对必要性，却是朝向正确方向的一大步。

对话能提高我们对世界的容忍度，而了解苦的本质，以及万事万物的相互关联性，也会产生容忍。这种了解能超越语言和对话，它像是一种具有穿透力的觉知。

如果你是诗人，你将清楚看见一朵云飘浮在这张纸上。没有云就没有雨，没有雨，树木就无法生长，没有树木就没有纸。云对纸的存在不可或缺，云不在，纸也就不在这里。所以我们可以说，云和纸是具有相互关联性的（也称为“互即互入”）。继续看下去，我们也会看到自己在其中，这点并不难理解，因为当我们看着一张纸，这张纸是我们认知的一部分，你的心在这里，我的也是……所有事物都跟这张纸同时存在……存在即是互即互入，你不可能单独存在。

以下的生活工具，是另一种扩大慈悲的方法，并且把所有众生和正在受苦的一切包容进来。

【生活工具】体验互即互入，消弭社群间的歧异

我们天生有发觉联结性的潜能，互即互入的感受把习惯、性别、年龄、宗教和文化等，所有明显的差异缩小到不明显的程度，它也能确认每个人的共通性，并且消除先入为主的观念，以免将彼此做不必要的分化。

用彼此联结的方式看待事物，代表当任何一个人受到伤害、感到羞愧或被羞辱时，所有的人都蒙受相同的不光彩。这种觉知培养同理心，并且对关系比较远的人释放慈悲。

希望每个人都练习互即互入，来增进对世间万物的理解、爱和关怀。花几分钟回答以下的问题，作为省思的练习，扩大你感受到与他人之间的联结。

· 失去的痛苦是如何影响你认识的人，甚至是你不认识的人的？

· 失去的普遍性如何帮助你为世间万物找到慈悲？

· 在你的人生中，谁曾经通过倾听、慈悲或实际行动，帮你渡过难关？

· 你具备哪些绝对必要性，是跟别人产生距离的？

最后，每天花几分钟让自己注意并体会每件事的相互依赖性，哪怕是以微妙的方式。

PART3　每天去除情绪杂物，以防产生新的情绪杂物

正念像家门口的警卫，把永无止境要求进入你人生和心中的情绪失常、不和谐和不健全挡在门外。

在这一部分，你将获得缓冲每天的压力因子所需要的信心和技巧。

当你清除情绪杂物，使自己每天沉浸在平和、满足和喜悦之际，你的心灵和身体的祥和感将大大不同。

第十一章　转换令你分心的频道，找到清净

“今天每个孩子一出生，就几乎从来没有脱离过噪音，无论白天或黑夜。噪音是每个日光灯、每个马达、每个电子仪器的特点……这类省力装置原本应该让我们更满足，但是当我们越来越娴熟于控制外部现实之际，往往与内部现实失去联系。”

你是否曾经因为使用科技产品而忘了时间？电视、计算机、智能手机等科技产品使人入迷，就像天竺鼠的轮子，消耗着我们的心智，让心停不下来，感觉自己掌控一切。《就是要让你上瘾》（*Addiction by Design*）的作者、人类学家娜塔莎·道·舒尔（Natasha Dow Schull）认为，这和人们迷上"吃角子老虎机"的因素相似，舒尔表示，"赌徒赌博的时候，进入一个感觉舒适且安全的区域，赌博不是为了赢，而是为了待在那个区域，所有生活中的忧虑，身体的疼痛，对金钱、时间和关系的焦虑，在这里全都消失无踪。"

利用媒体和科技来缓和焦虑和忧虑，或许看似比赞安诺（Xanax）或百忧解（Prozac）来得好，然而利用媒体和科技来分散注意力，却有个弊病，那就是会偷走我们数小时的光阴，同时让我们的心智塞满各种不需要的干扰，导致没有把注意力放在让我们真正感到满足、喜悦的地方。有时候媒体和科技造成的分心，可能影响我们的心情和行为。美国心理学会（American Psychological Association）通过 3 份综合报告，调查媒体和科技的影响，这 3 份报告来自：广告和儿童的项目小组（The Task Force on Advertising and Childern）、电玩和互动媒体暴力的项目小组（The Task Force on Violence in Video Games and Interactive Media）、未成年少女从事性行为的项目小组（The Task Force on the Sexualization of Girls）。第三个项目小组发现，暴露在普遍的性化（sexualizing）[①] 和具

① 是指在角色或事物上从事某些行为，借此使人意识到性。

体化的影像中，会在关键区域产生问题，包括认知缺陷和缺乏信心，与低度自尊、饮食失调和负面情绪相关的心理健康问题，不健康的性态度和身体接纳，以及对女性特质和肉体魅力的重要性产生扭曲的态度和信念。媒体每天制造的情绪杂物，通过影响我们的角色和刻板模式，对男性、女性甚至整个社会发生作用。这些每天的主要干扰源，究竟如何影响你的生活和感受？

意向：去除分心的万用清洁剂

如果你觉得在生活中经常不由自主地分心，而且抵挡不住媒体和一心多用的浪潮，请不要担心，因为你具备宇宙中最具威力的量子工具，而且是科技无法复制的。你可以运用这个威力无比的工具，清除任何使你分心的情绪杂物，无论这个情绪杂物多么想塞满你生活的每个角落。

这就是意向的力量，你表现欲望和行动的天赋能力，就来自意向。心理的意向让世界动起来，作为 PARIUP 正念工具之一的意向，里面有一颗潜能的种子，一旦施予养分，潜能就会成真。这颗种子能长出新的突触联结，重新布建脑部的回路，在你动弹不得的时候，去除情绪障碍。

然而，你采取的每个行动无论大小，不管是否刻意，都是脑中量子环境的结果。每个意向都会把带电的微小粒子（离子）送进我们的神经元，如果离子的带电够大，就会导致特定的神经路径发动攻击，这表示时间一长，你的意向会改变脑部结构，从而改变思维方式。意向是自由意志的精髓。

意向就像车子的方向盘，把你带往某个方向。如果你的人生陷入某个窠臼，或是一直卡在相同的窠臼中，那么你就需要审视为什么会这样。令你分心的事物如何使你的意向脱离正轨，变得死气沉沉、机械式或是不由自主的？让内在的和外在的令你分心的事物来决定你的意向，等于是放弃使你最具人性的部分。

我们并不是都明白，我们正掌控生命中的负面行为模式。有一天，一名学习者跟我正在探索为什么他一直重复相同的负面模式，他耸耸肩，大声说道："因为某个奇怪的错误和意外，我变成现在这个样子。"错误和意外？真的吗？因为错误和意外，这个人就放弃他对自己人生的掌控？事实是，他任由过去的制约和令他分心的刺激，劫持了自己的意向，但他还没准备好对此担起该负的责任。如果你一不小心，或许就会惊讶地发现自己再次陷入那熟悉的窠臼，但那不是意外。你越是倾听并觉察自己的意向，哪怕是很微小的，你就有越大的自由来塑造并决定人生的方向。

理解意向是容易的，你可以这么想：

如果你的意向是栽种一棵橡树，请不要在心中播下蒲公英的种子。

梅尔·布鲁克斯（Mel Brooks）在电影《帝国时代》（*History of the World*：*Part I*）中扮演的法国独裁者，说了句有趣的台词："当国王真不赖。"这个笑话的意思显然是说，虽然这对国王是好的，但是对其他每个人却不怎么好。媒体、科技，或任何利用自己权力窃取你自由意志的大师或独裁者，当他们的仆人或奴隶不是件好事。

除了浪费时间，科技杂物甚至可能改变脑部的回路，劫持我们的意向，而意向也是我们拥有最无价的天赋之一。音乐、游戏、电影、新闻，甚至新兴的虚拟科技，对我们的影响超过了我们的想象，而我们甚至没有察觉。例如，网络色情成瘾的问题之大，《纯属欲望》（*Pure Desire*）一书的作者，性成瘾专家泰德·罗伯兹（Ted Roberts）医师，将网络称为“性成瘾的快克可卡因”。

☆

以成功的年轻高阶主管罗杰为例，媒体和科技对他造成极具破坏性的心理干扰和困惑。他来见我的时候，因为网络色情成瘾而使人生几近崩溃。他告诉我，一开始原本是不痛不痒的，当时妻子被某工厂请去做一份夜班的工作，“我不太喜欢一个人在家，她离家时，我的心里不太好受。于是，我在她第一个晚上出门后，就看成人片大约5分钟，使我不再想着老婆出门上班的事。”结果5分钟很快变成30分钟、1小时、3小时，最后变成老婆出去工作的所有时间——7小时。在罗杰还没意识到之前，他已经对这个行为上了瘾，而且几乎是个“意外”，因为他从来没有想要对色情上瘾。这种行为导致其他相关的危险行为，后来东窗事发，妻子要求离婚。

在我们一起努力的时间里，我请罗杰用意向声明的形式，写下他对于夫妻关系和婚姻的最深层价值，然后拿给他的妻子。我也请他写一份清单，列出所有和他最深层欲望并存且一致的正向行为。最后，他的意向是在互爱、互相尊重、信赖、诚实、慈悲和互相坦诚之下建立夫妻关系，观看色情影片与以上完全不一致。

我也请罗杰坐下来，跟他独自在家时想要逃避的“不好的感受”同在。他不想这么做，但这么做帮助他找回童年痛苦的被遗弃感，当时他的父母在激烈争吵后，其中一方或双方会二话不说，离家而去。当罗杰了解自己为何害怕独自在家后，也就不需要再去刻意避免那种感觉了。

如何行使自由意志

意向确实是自由意志的强力引擎。意向引导我们领悟，使我们想起过去经验和选择所得到的教训，它带领当下的时刻和欲望前往新的方向，也带领我们进入自己创造的未来。不仅如此，即使我们没有刻意去想，意向还是会发生。让我们花一点时间问自己下列问题，来面对现实状况：

· 我有多频繁地，在未经思索的情况下，会挤出时间，来玩智能手机、计算机、电视、平板或游戏机?

· 我有多频繁地，当我可以把心（面对面）放在跟我在一起的人身上，我却把注意力放在科技产品上?

· 我花多少时间坐在沙发上观赏别人的动态，而不是积极投入自己的生活？

·我在科技产品上所花的时间，有多少剥夺了以前我喜欢从事的活动？

这些问题的答案无所谓对错，只是在你开始对科技产品采取比较积极主动的行为之前，要先审视和询问自己的问题。

心理学家丹尼尔·席格(Daniel Siegel)在《喜悦的脑》(*The Mindful Brain*)中写道："意向制造一种整合式的启动状态，让神经系统准备好进入那个特定意向的模式：我们随时可以接收、感知、聚焦，以特定方式来行动。意向不光是机械式的动作——意向是脑部中枢的组织过程，创造超越当下的连续性。"

在佛教里，僧侣们练习的正念多半是把意向运用在吃东西和走路等基本的日常活动。吃东西的时候，我们替每个动作设定意向，例如举起叉子、张开嘴巴、咀嚼食物、吞咽等。练习走路时，我们设定的意向是举起脚、往前移动、放下脚、把重量从身体的一边移到另一边，所以没时间可以一心多用！换言之，吃东西的时候就吃东西，走路的时候就走路，坐的时候就坐。一次只做一件事，这是个刻意活在当下，破除窠臼和习性的强大方法。

这个练习意向的方法听起来奇怪，但目的是让我们清楚地意识到所有正在掌控的小事，带我们脱离自动导航，把内在的机器人停下来。这个练习使我个人清楚地觉知到，这个内在的机器人随时都能轻易操纵我们。并不是所有意向都有效，我也发现用主动正向的方式叙说意向，而不是叙说你的人生不想要什么，可以让意向发挥最大的功用。

下面是负面表述意向的范例：“我不想被科技弄得麻木不仁，不想要科技产品在我生活周遭。”因为这陈述的是你不想要什么，而非说明你该做什么，这样才能更加地活在当下。为了实验起见，请按照以下指示来采用某个意向，以便完全活在当下：

此刻，就在你读这个句子时，设定你的心理意向，跟你所有感官同在。接着看看右边，再看看左边。在你转动时，感觉你的脖子和头。注意脖子肌肉的感觉。仔细观察你看到的颜色、形状和物体。注意听环境中的任何声音。

希望这个非常简单、主动的意向将完成它的目的，带领你觉察身体和当下，并和它们产生联系。我承认这是很短暂的片刻，但会充满生命和存在感！事实上，你可以利用科技来设定类似的意向，留意自己在计算机键盘上的手指，注意屏幕的颜色，觉知你的呼吸，以这些方法活在当下。如此一来，你不再是被催眠状态，即使在使用科技产品，依然活在当下。有了这份觉知，你就能决定自己什么时候要分心，或者你处在超载状态而需要后退一步。

时时刻刻的意向让我们的心回到正在做的事情上。此外，还有价值导向的生命意向，或叫作后设意向，这是重要的抉择，将引导我们的生命，清除令我们分心的情绪杂物。

作家狄帕克·乔布拉（Deepak Chopra）如此定义意向："意向不仅是突发奇想，而是需要关注，也需要超脱。当你在正念下创造意向，必须超脱结果，让宇宙去处理完成意向的种种细节。"

后设意向唤醒我们觉知更深层的目的，帮助我们感受生命，使我们产生爱、幸福、健康、联系和平衡的欲望。若正向陈述，且其中有"选择"二字时，后设意向能产生最大的力量，例如不要说："我一定要减肥好让自己健康。"这个意向可以积极的方式来表达："我选择变得更健康，所以我要多吃未精制的食物，每天散步。"不要说："我希望少受到科技和媒体的影响。"用正向表述的意向会是："我选择远离科技和媒体，尽可能把注意力放在与人面对面的交流，以此来建立人际关系。"

在正向表述的意向中，你不仅指明你将做的事（而非你不做的事），而且强调自己正在做选择。这是温和地提醒你，是你刻意选择朝特定的方向前进。换言之，你不必这么做，但你选择这么做。

当你有了正向表述的后设意向后，将它们写下来。这可能是你对于关系的意向，也可能是对事业、友情或经济保障的意向，把它放在一个你整天都看得到的地方，例如贴在手机上，或是贴在钱包里的某张卡片上。每当你看的时候，感觉自己和这个后设意向的好处之间产生联结。

记住：后设意向不是最后的成品，你最好放下期待和结果。执着结果，其实是另一种形式的苦，让你自己体会从意向中产生的当下念头和行为，让自己对这些念头和行为的表现感到讶异。因为互即互入与连通性（connectedness）的本质，使你认清你的意向如何超越自私，而且对世间万物都好。

运用意向的另一种方法，是使用脑部的否决权，或者自由拒绝意志（freewon't）。脑部研究学者、《心智时间》（*Mind Time*）的作者班杰明·里贝特（Benjamin Libet）曾研究这个能力。根据里贝特的说法，我们可以通过行使内在否决权，停止不假思索或机械式的行为。他写道："否决权的存在与否毋庸置疑，在我们实验中的受试者，有时会表示他们会有意识地希望或强烈想采取某个行动，但他们将之压抑或否决。"你是否曾经有过不利于健康的冲动，结果被你阻止或压抑？或许是想多吃一片饼干，或是买一样其实并不需要的东西，或许你在心里对生气或言语粗暴的冲动举起停止告示，暂停一下等你平静下来，因为你知道这么做比较好。脑部的运作速度非常快，能够冲进来表示否决，即使你已经准备好冲动行事了。

每次你行使自由意志去做或不做某件事，就会加强脑内主管意向的回路，同时增加暂停、省思的能力，然后选择你想采取的有好处或健康的方向。从小事做起，在一天之中多用点意向。意识到你早上怎么站、如何冲澡，多用点意向来穿衣服、扣扣子，准备早餐和吃早餐，当然许多小事已经成了习惯性的无意识动作，我们在"无心"之下做这些事，处在自动导航状态，这不见得是坏事。但是，当我们意识到自己正在转动那天竺鼠的轮子，我们就知道问题出现了。也就是说，我们的意向和选择越来越无法表达，什么对我们才是真正重要的。

这年头，科技成了生活中必要的一部分。然而，即使无法避免科技，也可以察觉到科技的影响有时是一股看不到的力量，深深地影响着我们的生活方式、思考方式，以及与人互动的方式。例如很多人发现，经常在科技产品上进行多任务操作，会使长时间的注意力下降。为此之故，现在有很多“缓慢阅读团体”，一群人聚在咖啡馆等地方，把所有电子器材关机，一起安静地阅读喜欢的书籍。这是在充满干扰的世界中，驾驭意向，让心灵澄净的好例子。

【生活工具】对于所花时间的正念探索

你是否曾经计算过，你到底是如何使用时间的？下列的练习帮助你厘清并探索（而不批判）你如何分配时间。复制一份下列的表格，估计你每天在每一类活动花费的时间（以半小时为单位），如果你发现某件事可归为两个种类，则尽可能选择最正确的类别。这项练习的重点，是使你觉知自己在一天和一个星期里，把时间花在哪些事上了，而不是漫不经心地被各种事情分散了注意力。

活动	花费时间（以半小时为单位）						
	星期一	星期二	星期三	星期四	星期五	星期六	星期日
照顾自己 食物、营养、卫生							
面对面交流 和同事、朋友、家人之间不受干扰的交流							
非工作或学业目的而使用的科技产品 电视、DVD、智能手机、电子邮件、电玩、脸书等							
置身大自然							
兴趣爱好							

（续表）

活动	花费时间（以半小时为单位）						
	星期一	星期二	星期三	星期四	星期五	星期六	星期日
旅行和安排行程 规划、组织、过渡							
内省 冥想、阅读、个人成长和探索							
工作或学习							
欲望 逛街和购物							
睡觉和休息							

自问并省思以下重要问题：

· 我觉得目前的时间分配如何？ 哪些最令我惊讶？

· 这样的时间分配，为我带来了哪些挑战？

· 我对科技产品的使用，对我过去喜欢的活动，例如阅读一整本书、骑自行车等有哪些影响？

·我如何重新分配时间，使我完成更多事情，并使做的事情和我深层的价值观一致？

·我可不可以主动让意向做一个小改变？（把答案写下并带在身边，且明确写下能把这个意向付诸实践的行为。）

·哪些较大的后设意向，与我对时间和精力的使用相关？（这次依然把答案写下，看看它对你的生活和人际关系有什么影响。）

第十二章　替自己的富流感打预防针

“一缕蒸气从茶壶升起。沸腾的水发出的声音，犹如风吹过松林……一片寂静中，飘送阵阵茶香。”

新事物非常吸引人，谁不喜欢闻“新车味”？ 即使到现在，我还能清楚地记得我小时候父亲回到家，宣布他买了一辆新车的情景。全家人挤在车外想一看究竟，然后兴奋地爬进车内，搭着新车兜风，我们通常是到镇上的冰激凌店去。大家对这辆闪亮的新车敬畏不已。那是个特别的时刻，我们知道这辆新车绝对比那辆再未出现的旧车好得多，我因此认识了美国的汽车文化、新东西的魅惑力，以及拥有更多之后所带来的满足感。

柏拉图用药物（pharmakon）这个词，来代表同时是毒药也是解药的东西。无法抑制渴求更多东西及对新东西的欲望，某种程度也可以被视为一种药物。广告业者就是要让我们以为现在拥有的已经过时、报废了，更别说是外形陈旧的、不再时髦的东西。此外，拥有闪亮的新东西，让我们心情舒畅，让我们更有魅力，不是比较好吗？而这一切终归于一个问题——究竟什么时候才真正够了？ 新奇、新颖以及更多的渴望，什么时候适得其反，超过临界点，而成为药物？

想要更多而造成的情绪杂物，可以被视为一种具有社会传染性的不安感，非常类似于病毒或流感。染上“要更多病毒”的方式，和染上感冒类似，那就是直接或间接与携带这类病毒的人接触。当“要更多病毒”附着在你身上时，你可能会被那种无上限“要更多”的欲望打倒，同时被“不够多”的焦虑和担忧淹没。当病态的程度相当于肺炎或严重感染时，就需要紧急处置了。

☆

葛温就是染上“要更多病毒”重症的代表性人物。她因为抑郁来拜访我，在我们第一个疗程期间，她无法自已地哭泣，告诉我她是如何紧抓住最后一丝奢华的生活的。尽管葛温正处在人生的风暴中，但她奋力维持风光的外表，她离了婚，正在争取独子的监护权，而且已经出现财务危机。当时她偷偷睡在一间空荡荡的公寓里，那是她跟她前夫以前买的，位于山边，附近是一处高档的滑雪度假村，然而现在这间公寓即将被银行没收。公寓里没有家具，电也被切断了，葛温宁可睡在客厅地板上，也没有搬去跟年迈的母亲同住。她依然坚持开豪华的大型休闲旅行车，而这辆车也即将被银行没收。可怜的是，葛温用穿什么衣服、开什么车、住在哪里来定义自己。

当我请葛温说明她的婚姻到底怎么了，她的回答是：“我一味想维持生活格调，没有发现自己早就不爱寇帝斯了。我们摆出一副成功夫妻的姿态，但两个人之间没有尊重，也没有爱。”

某种意义上，葛温离婚且失去所有物质，是因为一种社会病毒，也就是“富流感”（affluenza）这种文化杂物。约翰·葛拉夫（John de Graaf）、戴维·汪（David Wann）和汤玛士·奈勒（Thomas Naylor）在合著的《富流感》（*Affluenza*）一书中，将这种状况定义如下：

富流感：名词，因为顽固地追求更多，而产生的痛苦、具传染性、会在社会上传播的负荷过度、负债、焦虑和浪费等状态。

我跟葛温一起努力的那几个月，她确实是失去了一切，或者我应该说，一切都离开了她。那辆大的休闲旅行车最终被拿走了，取而代之的是一辆老爷车，而这也是她唯一买得起的车，公寓也没了，她失去了经济独立，于是搬去跟一位朋友同住，她的行头缩减到只有必需品，有段时间她甚至失去了孩子的监护权。生活的改变令葛温几近疯狂，然而她的经历也给她带来一丝希望。

葛温这辈子第一次被迫检视自己的信仰系统，以及害她陷入负债，把人生弄得天翻地覆的富流感。观照自心就像打了一剂强力的正念疫苗，令葛温惊讶的是，她发现自己每天都拖着各种有害的心灵杂物到处走，她害怕自己不够聪明或坚强，无法靠自己的力量成功。此外，来自家庭和文化的情绪杂物，要她一定要独立，请求帮助是错误且丢脸的事。

为了恢复健康，葛温学会承认并了解自己的“要更多病毒”和其他日常生活信念对她的影响。她又说了一个出乎意料的故事，在这些病毒的位置上，取而代之的是来自心底的清明感，以及深刻地认识人生中什么才是真正重要且带来满足的事物。葛温不再被这种情绪杂物捆绑，她打造新的生活，而且是建立在令她和周遭的人获得滋养的价值观和强项上的。

葛温不仅努力跟人建立良性的关系，而且愿意接受别人的帮助，并且放下束缚她的事。她开始认识并且欣赏自己平凡的强项，你可以说，她从平地开始重建自己，每次走上一个新的台阶。最后，她买了自己的小屋子，有了一份令她满意的工作，重要的是，重新获得孩子的监护权。我很感激有机会和葛温一起努力，她用了很大的力气，把生活带到全新的方向。

用正念体会平凡的当下

新事物令人愉快、兴奋且诱人的一个理由，在于当我们感到新奇时，脑部的愉悦中枢会产生正向的震动。然而，一旦我们习惯或适应了新事物，新奇感逐渐消退，我们又需要新东西，以便拥有一开始的那种愉悦的感觉，于是我们因为想要更多的愉悦，就困在心理学家所说的享乐跑步机（hedonic treadmill）上。如果脑部回路是这样，有任何方法能对付贪得无厌吗？我们难道就注定要继续站在享乐跑步机上吗？

佛教对于这种贪得无厌，有个很好的比喻，那就是“饿鬼”。“饿鬼”经常被描绘成一张小嘴巴、一条细长的脖子和一个大肚子。换句话说，“饿鬼”有着永远无法满足的惊人胃口，它代表欲望的大肚子永远填不饱，因为它的嘴巴是如此的小，而脖子是如此的细。生活中的“饿鬼”不限于对物质的饥饿、情绪的饥饿和恐惧，还包含嫉妒、羡慕、贪婪，以及各种占有欲。只要翻翻报纸，你就知道家财万贯的人往往还想要更多，即使这么做必须伤害他人也在所不惜。

惊讶的是，你无须费力，就会找到享乐跑步机和“饿鬼”的治愈之道，因为它就在你身边，来自你细细品味看似平凡的当下。如果我们能对生命中已经拥有的更加满足，以此对抗想要更多的欲望，你觉得如何？特雷莎修女在诗作《真正的点滴之爱》（*The Drops of Love*）中，就把这个现象做了很好的表达：

别以为爱，为了要真诚，
必须很特别。
我们需要的是不厌倦的爱。

灯火如何燃烧？
通过不断注入一滴滴油。如果油滴烧尽，灯光将灭，
于是新娘会说，“我不认识你。”

我的女儿们，什么是我们灯里的一滴滴油？
它们是日常生活中的小事：
忠贞，
守时，
亲切的只字片语，体贴他人之举，
我们静默、注视、说话
和动作的方式。
这些是真正的点滴之爱。

忠于小事，因为你的力量就存在于小事中。

特雷莎修女明白她话中深刻的真理。刊于《心理科学》中，一篇名为《给未来的礼物：再发现的意外价值》（*A Present for the Future: The Unexpected Valuc of Rediscovery*）的研究，调查平凡体验的重要性。研究人员想知道，究竟是平凡的体验还是特别的体验，会让人在未来回想时感觉比较美好。研究一开始，参与者预测平凡的事在未来回忆时不会很有趣，之后每个人实际通过拍照和书写，来记录平凡的日子和不平凡的日子。不平凡的日子是情人节，受试者（所有的人都有另一半）写下他们在这个特殊日子的体验，3个月后，受试者回想之前的体验（包括平凡和不平凡），让他们选择比较想知道哪一个，以及哪一个体验令他们比较满足。那么，受试者做出什么选择呢？结果他们认为平凡日子发生的小事，比情人节这个特殊日子更有意义且有趣。换言之，他们严重低估了平凡日子及其收获。这份研究显示出平凡的惊人力量。

平凡包含意义的种子和每天的体会，能消除累积的物欲。体会平凡的事物是不同于利欲或嫉妒心的存在方式，如果你深刻欣赏生命中已经拥有的，就不太可能会嫉妒别人拥有的。当你看着周遭不可思议的财富，再看看丰富、美好的平凡事物，你就征服了匮乏感、比较心，以及贪欲。

关于如何享受平凡，我的一位朋友就是个好例子。她曾提到孩子的成长多么快速，她说，当她想到自己可能忘记这段历程，就会有点难过，因此她会用心在平凡的事物上，让不起眼的事立刻变得简单、美丽且具有深意。

她告诉我："今天早上，我坐在厨房外面一个房间的阴暗处，看着16岁的孩子走进厨房做早餐，他不知道我正在看，他把蛋打在平底锅时，我就坐在旁边的房间里。他扔掉蛋壳，调整耳机，然后又打了一个蛋。光是这么看着他，就是我的禅修。平凡但很特别。"

就连古希腊的斯多葛哲学家，都赞成满足来自用心体会平凡的事物。他们会问自己，如果我们没有这些简单的事，让我们的生活变得可以忍受而且美好，人生会变成什么样子？他们想象失去平凡的样子，于是更珍惜平凡。也难怪平凡的事物是对抗富流感窠臼和情绪杂物的秘密武器。

【生活工具】用心体会和品味平凡的事物

在这练习中，你将注意到特蕾莎修女所说的小事情。当这成为每天的练习，你将惊讶地发现能为你带来喜悦的事是多么的多。

找个安静、可以坐下的地方，在不受打扰的情况下，静思5分钟。通过以下四类方式，来体会平凡的事物。沉思这些事物，或写下你的想法。如果你觉得和其中一两种方法产生共鸣，就应用到日常生活中，对抗每天的情绪杂物。

1. 品味带来喜悦的小事情。

想一想你珍惜或欣赏的小事，这些小事甚至可以是每天为你的生活带来秩序的仪式，例如：

- 早晨的一杯热咖啡。
- 看报纸。
- 拥抱或亲吻某位重要的人。
- 向同事微笑问候。
- 看孩子打鸡蛋。
- 早晨感觉自己的双脚接触地面。
- 留意淋浴时的水。
- 欣赏家或办公室墙壁的颜色。
- 阳光。
- 早晨第一口食物的味道。
- 坐起来很舒服的椅子。
- 通行无阻的交通。

2. 观察身边的平凡事物。

看看周围的环境。在你附近有哪些平凡的事物可以供你欣赏或品味？ 养成在一整天当中，把当下做的平凡事，在心里拍照留念的习惯，从坐在办公室里，到开车送小孩上学，让自己沉浸在平凡的美好中。提醒自己，这一刻是特别的，永远不会再以相同的方式重复。

3. 浸润在过去的成功中。

你可以用心体会当下发生的平凡时刻，同样也可以回顾过去，欣赏过去令你感到骄傲和快乐的时刻。现在，想一个令你骄傲的成就，像是从学校毕业、帮助别人成功、获得升迁、决心对自己好、大病初愈或走出人生的困境。花整整 5 分钟让自己对这件事感到美好。

4. 记住过去的善举。

你是否帮助过人，或受人帮助？ 当然有！

现在，回想你鼓励他人或他人鼓励你的那一刻或那件事。记住，即使最微小的或普通的善举，像是一个微笑、拍拍后背、一句打气的话，都是强烈表达关怀之意，可能带来持久的影响。

你如何把平凡的善举带到今天的世界？ 承诺对他人好，然后写下你的善举或告诉别人，这样你就不会忘记。

第十三章　对工作和速度踩刹车

“我感受到一种渴望……对速度的渴望！”

在现代文化和世界上，我们对速度的渴望是毫无疑问的。速度让各种事物变得更方便（或者别人是这么说的），几乎任何东西都可以在一两天内送到家门口。我们保证可以在半小时内拿到比萨；我们通过短信和其他沟通形式，实时收到远距离传来的答复；以前去银行办事或到店内购物等要花数小时，如今在远距离行动装置或在计算机上按几个键就搞定。就连购物都可以省去费时的现金交易，又少掉了几秒“被浪费掉”的时间，一切都很美好，是不是？

花更少时间把事情做完，本身并没有什么不好，但如果我们通过这所有方便的途径省去这么多时间，为什么还会觉得压力大得不得了？为什么我们每天奔跑的速度似乎愈来愈快？那是因为我们利用那些“多出来”的时间做了更多事，试图把两辈子的体验塞进这辈子，试图拥有满意的工作，当个用心的父母，愉悦朋友，享受令人兴奋的嗜好、活动，阅读喜欢的书，在新开的好吃餐厅用餐，痛快健身，再像马莎·史都华那样开一场成功的派对。结果，我们的生活往往挤到爆，因为一天之中能够应付，而且应付得当的事情，就只有那么多而已。

讽刺的是，我们越是试图完成越多事，就越没有时间深度探索。我们工作时一心多用，生产力反而变低。忙碌的生活，没有为我们留下时间，跟家人、朋友在不受干扰的情况下，好好面对面做有意义的沟通。由于几乎没时间培养自己的嗜好，我们只好站在旁边，看别人如何钓鱼、骑自行车、烹饪、旅行和享受人生，我们零零星星读一点书，但没有时间或专注地把心静下来，读书一小时甚至半小时也好。我们不是在深邃、神秘的大海中游泳，而是在泳池的浅滩处涉水。

我在最近一次工作中，带领参加者花 5 分钟静坐，之后不止一位参加者表示心灵获得滋养，但他们也表示，为了活在当下而花 5 分钟令他们有罪恶感。他们觉得好像应该做有生产力的事！

速度和多重变动（multiple transition）都是每天的情绪杂物，使我们不停奔跑，感觉自己赶不上愈来愈快的生活步调，速度使瞬间满足的冲动成为可能，因而改变我们的期待，我把这种现象称为“拉斯韦加斯焦虑”（Las Vegas Nerve），也就是全年无休、“现在就要否则不爽”的焦虑。速度也增加每天必要的变动次数，如果没有学会控制变动，可能使我们感到疲惫。科技加上速度，把工作一整天变得容易，每天的情绪杂物也变得更多，情绪杂物跟着变成加大号。

腓德烈·泰勒（Frederick Taylor）对今日的人们生活和工作方式影响甚巨，他在 1911 年写了一本《科学管理原理》（*The Principles of Scientific Management*），泰勒为了提高效率和劳动生产力，把码表引进工作场所，一开始人们抗拒像机器般工作而引起暴动，甚至引起国会调查。100 年后，泰勒的想法已经深植于美国的职场和美国人的心灵，就连医疗机构花在病人身上的时间也变少。生产力的提升使身体更疲惫，我们变得更快也更有生产力，但付出的代价呢？

为了对快步调生活的影响有更透彻的了解，社会心理学家罗伯特·勒文（Robert Levine）决定测量世界各大城市的生活步调。都市生活如何影响健康？他的研究刊载在《跨文化心理学期刊》（*Journal of Cross-Cultural Psychology*），内容检视了31个国家的生活速度，这份研究使用两种方式，来估计每个地方的速度。首先，研究人员计算尖峰时刻，人们步行一个街区要花多久时间，以及计算邮务员要花多久时间来完成一项任务。

勒文的研究显示，世界各地的城市在速度上有极大的差异，日本荣登速度最快的国家，其次是几个西欧国家。一般来说，经济已开发地区、温度较冷的城市，以及研究人员所谓“个人主义文化”的地方，生活步调通常较快。惊人的在于，在速度较快的城市中，心脏病的致死率显著较高，吸烟人口也比较多。生活在速度较快地方的人，也比较不愿意对陌生人伸出援手。如果住在这样的城市，你有什么选择？

☆

艾伦是速度和效率的受害者，他年仅25岁，在仓储公司工作，待遇相当优渥。他负责驾驶堆高机，把大型货板运到港口，他和上司相处融洽，不止一次获得升迁，唯一的问题是速度。艾伦在仓储中心的工作流程和活动，受到他的脖子上一台GPS装置的密切监控，每当他铲起一台货板，装置就开始计算他花的时间。每一趟从仓库到港口的路程都要计时和记录，最后艾伦因为压力而崩溃，他睡不着觉，担心速度和效率不够而失去竞争优势。不久之后，他因工作而无比焦虑，直到最后无法工作。艾伦请了一个星期的假，情况似乎有所改善，但一开始上班很快故态复萌。

艾伦第一次来拜访我的时候，表示只想“被修复”。我问了他几个问题后，了解到他不是公司里唯一因为被要求提升速度和生产力而受苦的人，只是其他人已经受不了压力而离职了。虽然我们一起努力减少艾伦的焦虑，但他最后终于认识到，这份工作对他没有好处。他可以强迫自己变得更像机器，好适应这种压力吗？或许吧。但长此以往，这对他来说会是有利健康、令人满足且长久的方式吗？或许不是吧。

用充满正念的变动放慢步调

关于变动，你需要知道一件事，那就是变动往往提高压力和焦虑，因为当我们变动时，不确知接下来会发生什么。并不是变动本身不好，问题出在如何变动，当我们在有意识、完全觉知的情况下变动，或许就不会那么担忧和焦虑了。此外，变动还包含了一个庞大的社会元素，例如你每天早上离开家时，是从你的基地做出重大的变动，每当我们离开时，最好是采取某种结束但又维持联系感的方式。今天早上你如何离开家？ 你有没有拥抱你的伴侣和其他家人？你是否告诉他们，在这一天之中会和他们保持联系？

如果来找我的个案是一对夫妻，我会请他们说出，希望伴侣做什么小改变来改善彼此的关系，我强调改变应该是小的、合乎现实的而且办得到的，而他们要求的改变，通常不外乎是每天一个简单的变动。一名女士希望伴侣在上床睡觉前给她晚安的亲吻，有位男士希望配偶早上起床，抱抱他，对他说："祝你有美好的一天。"之后他才出门上班。

同样道理，每当我们进入一个场所，例如我们的家、工作场所或医生的诊间，一定要感觉安全并且被接纳。一名男士表示他希望回家时伴侣别再看电视，这样她就能够迎接他，跟他聊 5 分钟。还有位女士去上班觉得很不安，因为没有人跟她打招呼，大家都埋头在计算机上，于是我们想出一个方法，让她跟一个熟识的朋友互相问好，这个改变使她有安全感，觉得自己是团队的一分子。

变动的种类很多。变动发生在从一个地方移动到另一个地方时，也发生在从一项任务转到另一项任务时，例如从写电子邮件转而写购物清单。前面提到，当我们离开生命中的人们或是回到他们身边时，就是社会性的变动；变动也可能是情绪性的，可能是我们安全感程度的改变。例如和同事或情人吵架，可能使我们从平静变成心跳加速，以上所有变动都可能是辛苦的。这些不同的变动中，哪些为你制造最多情绪杂物？当各种变动造成情绪杂物时，你如何反应？

以下是管理变动的 4 个基本方式。

1. 减少一天当中的总变动次数。删减你的变动次数，自然会减少你遇到的不确定性和焦虑，这是简化生活的一种方式。假设你今天的待办事项包括运动、看医生、买菜、买衣服、买朋友的结婚礼物、计划周末晚餐去哪里吃和把孩子从学校接回家。不要把这些全都挤在一天完成，而是把两三项性质近似的活动凑成一组，隔天再做，如此便能减少情绪杂物。当你减少了一天当中的变动次数，就能舒缓焦虑，让生活更简单，因而感到安宁和平静。

2. 限制一天当中不同项目的数目。花很多时间专注在一个项目上，不要在几个项目之间来回穿梭。研究指出前者比较有生产力，使你比较容易专注。留一小段时间玩脸书等社交媒体，而不是动不动就上去浏览。当你从事一项活动时，心就要在上面，别让自己的注意力从手边的事情上跑掉，如此你会完成更多事，心理上也比较不会觉得疲惫和茫然。

3. 留意离开和进入时如何变动。当你或另一个人离开时，确保你们之间有结束同时又有联结的感觉，可能是通过碰触、说话、手势或微笑。当你或另一个人进来时，确保你做了必要的事，来感觉欢迎、安全和受保护，例如对视，起身欢迎对方，或放下电子产品。创造一个你选择的仪式，例如握手或是拥抱。

4. 放慢速度，用心在变动上。不要将变动匆匆带过，仿佛那只是件麻烦的琐事。即使饭后收拾餐桌之类平常的事情，都要用好奇和神圣感来对待。在某些传统中，清扫厕所和刷地板之类最平凡无奇的琐事，是留给修养最好的修道人，因为他们了解无论从事什么活动，每一刻都蕴含临在的种子和礼物。这个观点被禅宗一句知名的话描述得很贴切——砍柴、烧水。

如果你正走去拿信，何不放慢脚步？ 你难道不能多等一刻，再去看垃圾邮件和账单吗？慢慢走向邮筒。感觉双脚碰触地面，留意身体的移动多么神奇，感觉手指在信箱上，感受自己如何把邮箱的把手往下拉，伸手进去。当你慢慢移动，把邮件拢在手里时，感受不同信件的质地。抱着惊奇的心，犹如在跳舞般看着信件，因为每一次走去拿信的旅程都不一样！你会想像个机器人，忙着做一件又一件的事，而错失这些体验吗？

有智慧的变动需要深思熟虑、事前规划、努力，以及纪律。如果每天浑浑噩噩度日，以为想做什么都可以，就错过了在完全觉知下变动的真正自由。

自由之道
最终并不会到达自由；
那是戒律的道路
最终到达的是解脱。

【生活工具】把当下放在掌心

以下练习是利用反制焦虑来管理变动，这项工具有多重功用，而且可以随身携带。你在变动前后需要放慢脚步，或是觉得心太烦，念头转动得太快，想把心带回当下的时候，都可以使用这个方法。

首先，找个能让你练习至少5分钟的不被打扰的地方，当你熟悉如何“把当下放在掌心”，就能缩短程序，只花 1 分钟就能办到。

☆

坐在一张舒适的椅子上，做几次深呼吸，让心平静下来。双脚放在地上，感受接触地面，和地球联结。你甚至可以想一棵喜欢的树，想象自己就像那棵树般，和地球联结，植根在地球上。

现在，将双手举到心脏的高度，双掌相对，相距约一尺远。注意当手臂和双手保持举起的状态时，所产生的张力。

接着，非常缓慢地让双手靠近彼此，直到你感受到双手之间最微小或最微妙的压力、热度或暖意，感受到就停止，或只是留意片刻。密切观察这种身体的感受，这种热度、暖意、能量或压力持续不停吗？还是每一刻都在改变？

现在，轻轻让双掌靠近，直到指尖最轻、最微弱地碰触彼此。想象右手指尖的分子和左手指尖的分子在共舞，你甚至可以想想它们正在跳什么舞，是狐步舞、桑巴、探戈、华尔兹，还是吉鲁巴。

继续让双掌靠近，直到轻轻触碰彼此。同时留意手指伸直的样子，以及双掌间的热度。你甚至可以留意手掌位置的微妙改变。

双掌相触，暂停片刻，感受身体，这是每个人拥有的珍贵礼物。花 10 秒钟或更多时间，有人曾说：“你的身体，是你在宇宙中唯一的家。”

现在，花一些时间绷紧然后放松身体。双掌继续碰触彼此，将手肘高举到两旁，并且施以你所能施加最大压力的 10%，接着，将双掌互推的力道增加到 20%，感到疼痛就停止，在没有感到疼痛或不适的情况下，用最大力道互推。

观察手臂和身体的张力传递到多远的地方。是否延伸到手腕、手肘、肩膀、肩胛骨、后背、胸口？是否感觉掌心逐渐发热？哪块肌肉是紧绷的？5 秒钟后，放松肩膀和手肘，释放所有张力。感受放松身体的紧绷和张力，是多么美妙的感觉。

最后，用非常缓慢的速度分开双掌，像花朵在晨光中绽放。感受当热从掌心散去时的凉意，让地心引力的重量牵引你的双手和手臂，让手像叶子从树上掉落般，直到双手垂在膝部或大腿。

吸一口气，想象空气像金黄色的光，从头顶、鼻或嘴进入。让光填满身上紧绷的地方或负面情绪。一边吐气，想象这口气将所有紧绷或负面情绪带到大腿上，然后从脚底释放，回收给大地。

再深吸一口气，然后吐气，吐气时想象所有残留的压力被这口气带到大腿后进入脚底，被大地回收。你也可以再深呼吸一次，消除更深层的紧绷。

你可以再坐片刻，感谢身体遵守你给的指令，并且传递你的意识，好让你完成人生的目标。多么了不起啊！

第十四章　洗涤心灵的天赋的希望力量

“负面是违反自然的。它是心理的污染物、大自然的毒害和破坏，与人类集体心理所累积的庞大负面有深层的关联性。”

日常生活的愤世嫉俗和否定消极所堆积的情绪杂物，确实是个污染物。我们时常需要大自然作为希望和智慧的试金石，大自然拥有一种独特的能力，能够扫除愤世嫉俗的虚伪外表，接通平静无波的希望之泉，当我谈到希望时，会把希望想成真实的存在，而不是假设。

或许你熟知希腊神话——潘多拉的盒子。潘多拉是纯真的女神，根据某些说法，她的名字可以被翻译成“给予一切的人”。故事说到这位给予一切的纯真女神打开了一只盒子，里面装着所有的负面情绪杂物，也是人类所有的疾病、邪恶和痛苦。从广义的神秘学角度来看，潘多拉的盒子装载人类无法揣摩的事物，也是人类无法应付的事物。

潘多拉关上盒子，但是那团情绪杂物和混乱已经溜了出来。听起来像是个非常不幸的故事，我们该怎么处理盒子里压制不住的令人恐怖的东西呢？情况似乎一发不可收拾，这时候人们发现，潘多拉的盒子里还留下一个小东西，这个外表虽小但力量强大的解药，是希望。

换个方式想，只有把情绪杂物释放出来，我们才能和希望接上线。如果还死抱着绝望和消极，希望就继续被埋葬在情绪杂物堆的底部，拿不到也实现不了！好在“希望”并不是那么微小无力，心理学家艾瑞克·艾瑞克森（Erik Erikson）曾经写道：“希望是生命的状态中，固有的第一个也是最不可少的德行，生命要永续就不能没有希望，即使信心受挫，信赖受损。”

潘多拉的故事让我们确信，通过大自然的给予，我们可以接收到“希望”这个崇高、为我们带来力量且转变我们的礼物。通过和大自然的深度联结，我们将见证生命的循环，被大自然的教训抚慰而不迷失，随着我们成长，于是明白：发现、破坏、绝望、开放、希望、重生和更新会一个跟着一个而来，就像在漆黑的夜晚之后，是白昼的光明。

从现存的有害之物，大自然预示了通往更宁静、完整和自由的道路，如果我们不尊重自然，如果不守护它，它将死亡。而或许，随着死亡而来的，是支持我们最大梦想的希望。当然，希望需要实现。

希望的真实目的是什么？梭罗说得好：“影响生活的质量，是最高层次的艺术。”希望能在许多美好、微小的地方做到这点，而散播希望也是一种艺术，无论是在你的职业中、还是在家庭生活中，你对希望的表达，包括你表达希望的地点和方式，是你这个人所特有的。

事实上，有了希望，才可能改变被破坏的学校制度、社群、文化或机构；有了希望，才能治愈受伤的大人、孩子或家庭；有了希望，才能在被破坏的世界中找到宁静。何不先在你周遭、你的生活中和你的社群，种下希望和乐观的种子？

当你排在星巴克长长的队伍中等待拿铁时，可以用耐心和亲切的言语种下希望的种子，你也可以通过在职场上所做的每个善良的决定，种下希望的种子。当你一整天辛苦照料他人后，用耐心和理解对待你爱的人，以此种下希望的种子。还有，当你遇到难题而需要有智慧的解答时，可以向同事求教，种下希望的种子。

希望有许多形式，每一种形式都反映一件事实，那就是无论我们喜欢与否，我们全都在同一艘会漏水的船上（包括我们居住的城市、国家和地球）。我们无法单靠自己把洞补起来，因此希望也承认当一个人因为屈辱、贫穷、暴行、不公义而受苦时，我们所有人也都会因此受苦。

因此，当你给予他人希望时，就是在减轻痛苦。有了希望，生活中微小的慈悲真的能改变世界，无论你的天职会是什么，无论你担负什么角色或责任，你最重要的工作之一，是给那些少有或没有希望的人带来希望。

但是问题在于，如何获得大自然和希望的净化力量，如何像苹果仔钱宁（Johnny Appleseeds）[①]，在我们走过的每一步和所到之处，都散播并种下希望和正向改变的种子？这其实比你想的容易。

☆

我离婚的过程中，经历过一段绝望和无助的黑暗期，我总以为离婚是别人的事，从没想过竟然会发生在我身上。然而，妻子和我还是同意分开，她到亚特兰大跟她的姊妹过圣诞节，我则在寒冷的屋子里独自度过接下来的夜晚，我有种失落感，就像船失去了锚，漂浮在阴郁、浪涛滚滚的海上。

那是1月初，我家真是不折不扣的“冷宫”，因为我不想每个月花300～400美元把屋子弄得暖和些，只有偶尔烧

① 苹果仔钱宁真实的名字是约翰·查普曼，在美国各地栽种苹果，成为保育界代表人物，但关于此人的褒贬，说法不一。

一点柴，同时穿上厚厚的羊毛衫和雪帽。我蜷缩在壁炉旁，和妻子来回传送了几封令人心碎的电子邮件，我们的语调充满悲伤、恐惧和绝望，让我从心底感到沮丧。我想找到解决之道，但我们的问题就像魔术方块般，让人看不透又解不了，是我永远无法解开的谜题。

由于不知如何是好，我走到屋子后面向外看。天空像水晶花瓶般清澈无云，我像过去遇到困难时一般，寻求大自然的宁静、美好和慰藉，于是我踏出屋外，感受脸上和双手的冷冽空气，然后我拉掉遮住双耳的雪帽，走进长满青草的院子，坐在一张面对着高耸冷杉和雪松的小凳子上，我抬头望向轻轻摇摆的树顶和星星密布的广阔天空，我接下来做的事或许会令你惊讶。因为我也感到惊讶。

我让忧虑随它去。

你没看错。我把所有的忧虑松开，送给大树、天空、广大无边且智慧无限的大自然（上帝、奥义、神，或者你想赋予的名字）。这就好像打开牢笼，让被拘禁的鸟儿自由飞翔，我的双眼湿润，继续让忧虑随它去，包括那些不知道、不确定、痛苦、心碎、对解答的渴望、恐惧、难过、怀疑、希望事情不是这样。我用这种方式让忧虑离去，却没想到泪流满面。

接下来发生的，很难叙述。我坐着坐着，便忘记了时间。属于我个人的自我“唐纳德”，那个确信发生的一切为真且强烈认同的人暂时不见了，躲了起来。别问他去了哪里。或许他只是变得比较小、比较不重要，因为随着“唐纳德”变小，就不再感受到冷板凳或冻结的大地，有的只是广大无边、空旷和联结感，这里再没有这个看着天空和树木的孤独者，不知怎的，“唐纳德”仿佛被这整个环境吸收，进入由树木构成的殿堂，以及空间与星星构成的黑暗神秘中。

虽然无法言表，但我后来还是将它化为文字：

一切都是祝福。

一切都是祝福，无论是好事、坏事、离婚、恐惧、财产分配、所有的一切，无论结果如何。是的，一切都是祝福。虽然我一直想找到答案，一个具体而且不变的解决之道（solution）来拯救我的问题，但我获得的是心灵的良药（“soulution”），那是在预期之外、发自内心的道路，给予我急需的希望，使我能继续前进，知道一切终将没事。

我不知道在这整个环境中，我失去了自我多久，我只知道我在某个时间点上，沉浸在广大深层的宁静和满足之中。

突然间，就像大炮发射般，我感受自己回到了身体、回到了后院。我的双脚冻得发疼，双手因为冷而僵硬、刺痛（因为愚蠢的我没有戴上手套），我打着哆嗦，起身快速回到屋内，我把木柴塞满壁炉，生起温暖的熊熊火焰。

当天晚上，我传了简短的电子邮件给妻子，把我的感受告诉她。我当时希望她知道，不是只有自己受限的思维和个人利益在发挥力量，这点对她会有所帮助，因为这的确对“唐纳德”和在场的其他人是有帮助的。

顺带一提，那天晚上我感受到的辽阔广大并没有持续很久，离婚的过程中，我一再感受恐惧、愤怒和各种难过的心情，但我会提醒自己，大自然已经告诉我，为何一切都是祝福，即使我在当下并不这么认为。

多年后，大自然继续在理性的心踯躅不前的时候，将我带到一个睿智且疗愈的境地。要如何和自然联结，没有什么定论，或许是到海边、林间等地方，来一趟长距离的散步，或许你喜欢山。你无须特别追求灵性，就能让大自然把它的疗愈力传送给你，并且让你接收到它的智慧、光与希望的力量，帮助你去除情绪杂物。

接收自然的力量

20世纪70年代之初，心理学家史蒂芬·卡普兰（Stephen Kaplan）引领进行了一项名为注意力恢复理论（Attention Restoration Theory）的田野调查，这份研究解释了大自然具备让人沉浸和专注其中的力量，卡普兰将之称为“非自主性注意力”（involuntary attention）。自主性注意力是当你做决定、读书、从事商业计划、拟订购物清单，甚至是通过一条交通繁忙的街道时，所使用的力量。自主性注意力需要精神力，且可能使你感到疲惫（想想在从事某项项目计划数小时后的感觉），但是非自主性注意力能恢复你的精神力，使你心智清明，以及有更多好处。

研究显示花时间观赏大自然有许多好处。举例来说，只要在自然中待几分钟，就能恢复思考和注意力。注视大自然证实能使住院病人较快复原，大自然也被证实能降低压力、攻击性、愤怒，甚至轻微的忧郁。

一份发表在《计算机综合与前沿》（*Computers in Human Behavior*）期刊上的研究，调查一群失去辨识非语言情绪暗示能力的 13 岁以下学生，身处大自然中一段时间，对恢复以上能力的帮助程度。51 名 13 岁以下的学生团体，接受关于注意脸部和情绪线索能力的测试，结果显示他们几乎无法根据以上两者，正确地指出情绪的名称。接着，这群学生被带去参加野营，同时收走他们的行动装置和电子产品。5 天中，学生必须进行面对面的互动，仅仅 5 天置身在大自然中并跟人互动，这群学生的辨识能力就显著提升，当他们再次接受测试时，能正确说出情绪线索。这似乎暗示，大自然能反转各种身体和情绪杂物的不良影响。

有时当无计可施时，大自然能为你带来灵感。64 岁的温迪说了一个失去希望的故事。她用颤抖的声音说：“每天早上我去上班，进办公室，把门关上，然后哭泣。大家都被裁员了，我失去了大部分的朋友，而我知道也快轮到自己了。”更糟的是，温迪的已成年女儿失业又失去房子，于是搬回家住。对温迪而言，这表示她不可以退休。

针对温迪的问题，我用可靠的认知行为治疗。这发挥了某种程度的作用，但她的恐惧和忧虑再度浮现。有一天，温迪带着不同以往的表情走进我的办公室，她看起来充满决心和果断，而且给人宁静、安详的感觉，于是我问她原因。

“我在早上休息的时候走到外面，坐在商业园区院子里的一张小凳子上，看着一棵树的枝头顶端，然后往下看到地面，这时我注意到以前从没看到的。有几根藤蔓爬得到处都是，园丁之前曾经剪掉过，但藤蔓又开始生长。”她身体前倾，声音跟着洪亮起来，“这些藤蔓让我突然想到，我就跟它们一样。我的本性就是不断向前，永不退缩。藤蔓没有因为被园丁剪短就停止生长，我也不会。因为这就是我！”

在那之后不久，虽然温迪如她预料的失业了，但她并不气馁。她从大自然得到的领悟，提供了她继续旅程之所需，也就是在创纪录的短时间内，又找到另一份工作。

以下几种方法，能让你在一天之中接触希望之源。我把大自然称为“维生素 N”。

【生活工具】邀请自然

以下两种方式，可供你摄取每天所需的“维生素 N”。接触自然将使你充满创意，不久你会发现你在一天之中多次和大自然联结，即使只是在各个地方的几秒钟。与大自然同在的片刻具有强大的修复力，帮助超越自己的想法，安住当下。邀请自然需要耐心，因为正如《道德经》说的，“天下莫柔弱于水，而攻坚强者莫之能胜。”

5 秒钟的自然冥想

在每一次深呼吸之时，用双眼凝视在你身边的大自然。吸进自然环境里的事物，带进身体和心里。吐气时想象自己吐掉所有紧绷张力，或存在于身心中的负面事物，让它们仿佛从脚底出去，回到大地。

进行 5 秒钟自然冥想，注意以下任何一项。

一棵树。
一株植物。
一只鸟、动物或宠物。
天空。
大地。
一片叶子。
一根树枝。
一片云。
虚空。
水（河、湖、杯子、脸盆或喷泉中的水）。
随着呼吸而动的身体。
另一个人。
一张纸（以及联想制造纸的云朵、树和养分）。
一支铅笔（以及联想制造铅笔的树、水和矿物质）。
一杯咖啡、茶，或其他饮料。

凝视天空的冥想

凝视天空的冥想，是使凝视和大自然联结的一种方式，首先将眼光投向天空或地平线，接着视线缓缓向下，把注意力放在附近的一棵树或植物上。

这个简短的练习，可以在室内或室外花几分钟进行，当你感到心灵疲惫或不知所措时都可以使用，这套冥想帮助你回归中心点，并重新提振精神，使慌乱的心安静下来。做完练习后，你很可能会觉得更清醒，且更容易集中注意力与聚焦。

你可以使用大小不拘的植物，在室内进行这个练习，但最好是在室外有树木并且看得到天空或地平线的地方。照着下列 5 个步骤，练习约 5 分钟：

1. 首先，走到外面找一个地方，最好能看得到一棵大树、上方或远方的天空，这样当你站在那里时，轻易就能把凝视从天空转移到树上。如果可以，你站的位置距离这棵树不要超过一只手臂，如果不行，尽量站近一点，以便看清楚树干和树叶的细节。试着选一片树叶，或是树枝或树干的形态是你喜欢的、吸引你的树。

2. 然后，缓缓抬头，将目光投射到最远处的天空。想象自己释放或松绑所有麻烦和忧虑，到头顶上广大无边的空间中。释放掉不确定、未知、恐惧、难过、怀疑，甚至对现状的不满，将一切释放到天空，它无边无际，大到能容纳世上所有的忧虑。想站多久就站多久，持续放掉情绪垃圾，并随它去。

3. 把双手放在树上，将目光从天空往下移动，到你跟树联结的地方。想象双脚像树一般根植在大地上，你知道树是地球上最大的有机物吗？ 感受你跟树木这个保护人类的生态系统，造就你我生命的伟大殿堂之间的联结，当你感受手掌和手指触碰的树干时，让自己融入我们周遭，维系我们生命的整个自然界中。

4. 现在，将凝视从树底慢慢往上移，集中注意力在最微小的细节上，从树干的纹理和色泽变化，乃至出现新的生长迹象的地方。继续把聚焦的事物扩大，直到凝视来到树顶最高的树枝上。

5. 当你想象自己与大自然融为一体后，让厌倦的心沉静下来。感受自然界和四季教导我们的一切，以及种植、生长、收成和休养的四季时序。让自己在未来的时刻和日子里，接受这些教诲。

结束练习时，省思一下：用这种方式和大自然相处 5 分钟，是什么感觉？这个练习在什么时候对你最有用？将忧虑释放出去，是什么感觉？这么做如何帮助你离开情绪杂物，用不同的观点看事情？

第十五章　每天的弹性、柔软和随顺自然

“用你心中不粘锅的那一面，不要光用魔术贴的那一面。”

我们的痛苦，大多因为抗拒现实或抵死不从。举例来说，你平日有多频繁抗拒在你面前的事物？假设你被卡在红灯前，而你上班已经迟到，你会不会焦急或沮丧，责怪红灯和其他司机害得你迟到？想象你在卖场排队等结账，有人在最后一刻忽然掏出一大堆折价券，你会不会失去耐心翻白眼咒骂命运，还是骂那个用折价券的客人？也许你观察到有个懒散的同事浑水摸鱼，或者只付出你一半的努力，杂乱的愤怒感和怨恨是否像魔术贴一般黏着你？你是否不想面对自己负债的事实？你是否不想承认自己没有事业，或是无法过梦想的人生？你是否盲目用老方法来应对新局面，而不是发挥创意，随机应变？

应付每天的大小难事，可能会是个挑战，除非我们学会变得柔软。并不是生活中的人、事物串通起来整我们，相反地，当我们只是一味希望现实来配合我们受限的心态、固定的分类方式、盲目的例行公事、僵固的环境背景、心理的快捷方式和狭隘的观点时，将导致不合理且往往无穷尽的情绪杂物堆积。柔软代表你可以把身段放低而不闪到腰，代表你对生命扔给你的事物，抱持开放、乐意和接受的态度，你越能屈能伸，就越能改变方向，从容应对人生，而不是硬碰硬。

广义而言，柔软是不执着，放下有害的坚持，包括僵固的理念，或是针对某个必须向外求取的目标或奖赏，这和拥有良性的欲望和渴求很不同，因为后者给予我们启发和益处。但是，即使是良性的欲望，也可能陷入执着而无法自拔，导致压力和不快乐。

秘诀并非连良性的欲望或感受都不要，而是放下所有期待，让每个感受像微风般从身边吹过。即使是下定决心保持正念的人，一旦太执着于无时无刻都要临在当下，也会感到痛苦不堪！尽管看似矛盾，但是不执着并且放下结果，确实能打开你的心和理智，让你像河流向着大海流去般优游自在，既不花力气，也不担忧。

把魔术贴思维变成不粘锅思维

我的好友，也是作家的蓝迪·费兹杰罗（Randy Fitzgerald），跟我说过一个故事，是关于他的家族如何认定真正的男子汉的。这个由曾祖父传给祖父，父亲传给儿子的成年礼，说明了魔术贴思维如何代代相传，让每一代都陷入像机器人般的心态。以下是蓝迪的故事：

我 8 岁时得到一把步枪，然后被带去跟父亲等一票人打猎。我们来到德州中部某大牧场，目标是杀死我这辈子的第一头大型动物。我曾经听说父亲、祖父和长辈们年轻的时候，如何成功猎杀动物的经过。

破晓时分，我被独自留在猎鹿的高台上，大人们要我等雄鹿出现后射死它，然后我必须把鹿角架在车子的前端，以胜利者的姿态回家。不久，我看到一个鹿的家族——一只公鹿、一只母鹿和几只小鹿正朝着我前进，那只公鹿巨大、强壮且美丽、优雅，我目不转睛，静静等着它们走近吃草和树叶。当这只公鹿来到我的射程范围内时，我慢慢举起步枪，将瞄准器对准那只公鹿，它即将成为我的战利品，而我也将因此获得父亲和其他人的奖赏。

但我无法扣下扳机，我狠不下心来在这只公鹿的家人面前将它杀死。我知道如果我杀了这只公鹿，我将有罪恶感，我知道如果我向父亲他们说我不杀它的真实理由，我会被他们嘲笑而没面子。我以前从没对父亲撒谎，但是当他问我有没有看到鹿时，我说："没有。"之后我再也没有答应去猎鹿了。

虽然乖乖遵守世代相传的心态或仪式，可能给予我们归属感，但有时魔术贴思维反而可能影响我们的健康，以及我们对自己的感受和想法。我还记得有次参观某艺术画廊，那里所有的艺术家都有一样的精神障碍，例如抑郁、躁郁等，每位艺术家的自传都相当感人，他们描述自己的疾病，以及疾病对创作过程的重要，虽然他们的故事引人入胜，他们的作品令人惊艳，但我不得不问，当一个人如此强烈认同心理疾病（或任何执念），对这个人未来的成长会产生什么影响？

对老化的执念又是一个例子，说明我们多么容易就被卡在充满个人和文化的情绪杂物上，社会心理学家，也是正念的研究者艾伦·兰格（Ellen Langer）在她的著作《正念》（*Mindfulness*）中，叙述她从事的各个老化研究，这些研究探索把将老化对心理和生理的影响，从负面的魔术贴思维，转变成较有弹性的不粘锅思维。对老化采取偏向不粘锅的观点，能使我们的身体进入比较年轻的状态吗？为了得到答案，兰格找来一群年纪在75至80岁的男性，将他们分成两组，第一组是实验组，试图重新创造并表现年轻20岁的样子，也就是55岁的时候。第二组是控制组，则只是想着20年前的事。

为了帮实验组更容易进入55岁时的状态，研究人员将他们带到郊外一处僻静的地方待了五天，那里的每一样东西，包括电视节目、广告、广播节目、杂志和音乐，就像20年前的那样。研究人员鼓励这些人把他们所处的环境当成现在来谈论，而不是想着这些都是过去式。这组人观赏那一年的电影，然后互相讨论；又鼓励他们替自己做事，例如看好自己的行李，就像他们55岁时做过的那样。

两组受试者都被记录，追踪研究开始和结束的体态、动作和步态，还有几项身体的数据。个别判断甚至观看受试者在研究前后的脸部相片，来估计他们的年龄。

仅仅5天，两组人之间就有了显著的改变。仅仅一个星期，裁判评断实验组平均看起来年轻3岁，实验组的其他身体改变（相较控制组），包括听力改善、弹性和手的灵巧度提升、手指长度增加、视力变好，甚至坐着时的身高变高。在针对两组人的智力测验中，实验组也显示进步显著，兰格于是在《正念》中做出结论："我们在人类生命的晚期阶段中，所目睹到老化正常且'不可逆'的循环，或许是一个人对于变老的特定假设下的产物。如果我们觉得不需要抱持这种自我设限的心态，或许就能把走下坡的岁月，用成长和有目标的岁月来代替。”这些令人惊讶的发现显示，用更有弹性的方式看待自己非常重要。

就连顽固都可能是魔术贴思维的一种形式，没有人能免于这种思维，我永远忘不了住在洛杉矶的时候，我对于成为编剧的执念。当时我相信专一不二是成功的先决条件，我捍卫这个想法，即使我几乎没有进展。当然，专注在一个目标上，有时是有效的而且有帮助的，但有时我们的顽固只会造成妨碍，使我们无法探索其他可能性。当我放掉僵固的思维模式，就能自由进入不粘锅思维，把人生带到未知方向，而那对我而言是件好事。最重要的是，我尝到紧抓不放的教训后，体会到人可以顺其自然、更改路线，这一点是成长不可或缺的部分。

爱因斯坦运用心灵的“万一”练习，帮助他用新的方式思考相对论，我们也可以用类似练习，教导自己的心智变得更有弹性，而且像铁氟龙般不黏。要进行心灵的不粘锅实验，先环顾周遭，选择一个集中注意力的对象，例如台灯、计算机、电视、手机、书、椅子、桌子等。就拿台灯为例，你知道台灯是用来提供光源，但那盏灯也可以用在其他地方，采取不粘锅的观点，思考台灯的其他功能，然后完成以下的句子：

- 台灯可以被用来________。

当我们采取不粘锅的心态，台灯就可以用来做很多事，像是当纸镇、烘手机或是运动用的哑铃、门挡，把灯罩拿下来可以当帽子。现在，在房间里选取另一个对象，思考那样东西还可以有哪些用途。我并不是说，你真的要把想到的答案都用在这个对象上，“万一”练习的目的只是让你用不粘锅的心态，更有弹性地思考。

相同的不粘锅思维也可以延伸到你对任何状况的态度，想一想你是如何不假思索地对每天遇到的挑战做出反应，例如早晨的交通运输高峰时段。你有多少方式，来结束以下的句子？

· 我对运输高峰时段的态度可以是________。

从不粘锅的观点，你对运输高峰时段可以采取很多种态度，包括接受、赞叹、觉得好玩、自怜、怜惜他人、心甘情愿，以及感恩你在运输高峰时段，有地方可去。

现在来思考其他几个“可以是”的情节。

· 我对婚姻／感情／孩子的态度可以是________。
· 我对工作的态度可以是________。
· 我对焦虑的态度可以是________。
· 我对我的控制欲可以是________。

有时不粘锅思维会有无心插柳或意想不到的好处。首先，我们完全知道接下来会怎样。其次，当我们对无法掌控的状况愤怒并自认理直气壮时，会使情绪高涨，让我们误以为自己是有力量的，一切我说了算。当不可理喻的事发生在世界上或在我们的生活中时，忽略或是抱怨生命中的混乱，似乎比接受它要来得容易，长此以往，会制造出一道高到令人窒息的情绪杂物墙。

每天确认自己是否摆脱魔术贴思维

一份发表在《美国国家科学院院刊》（*Proceeding of the National Academy of Sciences*）的研究，检视负面或正面思维对免疫系统功能的影响，更明确地说，研究人员想衡量脑左前额叶（与乐观和正面情绪相关的部位）高度活跃的人，是否在注射流感疫苗时会有比较大的免疫系统反应。

52 名受试者，先接受了几项情绪记忆的任务，研究人员观看他们的反应以及前额叶的活动，指出哪些人倾向做出消极反应，哪些人则是正向或乐观反应。接着，所有受试者注射流感疫苗，而后在半年之内接受 3 次检查，来记录血液中有多少抗体，而抗体数量是衡量身体免疫反应的标准。结果清楚显示，情绪较为正向的人，免疫反应比负面的人更强，研究人员李察·戴维森（Richard Davidson）的结论是：“情绪在调节身体健康系统方面，扮演着重要的角色。”

总是纠结在负面情绪或魔术贴思维上，会在脑中制造一个陈旧的沟槽，就像最喜欢的曲子般一而再、再而三地放送，而现在我们知道，这首曲子会影响身体健康。给予自己正向的肯定帮助，阻断负面的老歌，同时给我们较为正向的曲调作为新的标准。通过有意识的积极正向而在心中创造的新音轨，可能会转变我们的情绪和免疫反应。但与此同时，我们需要抓住心中的低语，那些非常微妙、几乎没有意识到的指令，会支配我们，使我们像机器人般行动。

当你想到使用有意识的肯定时，务必感受你对这些肯定可能产生的抗拒，把所有抗拒列出来，有助于缓和它的力量，也有助于了解旧有情绪杂物是多么深入、顽强。灵性导师帕拉宏撒·尤迦南达（Paramahansa Yogananda）在《科学疗愈强化》（*Scientific Healing Affirmations*）中承认，强有力的正向肯定，可能因为背景的情绪杂物而弱化或陷入瘫痪，他写道："如果你声称：'我很好'，但在你心中却想着这不是事实，产生的效果就等同于你吃下很有效的药，同时也吞下另一颗抵销前者药效的药。"

下列生活工具说明，审慎选择且充满关爱的肯定，能缓和负面情绪杂物的影响。当你用这种方式重新建构脑部的回路，你将把"顽固"赶出生命，同时迎接更大的弹性和接受力。

【生活工具】肯定正向的事物

你可以尝试以下几个正向肯定，有些是经典词语；有些就只是提醒自己想要什么，希望怎么活在这个世界上。

1. 个人强项和特质的强化。

- 我是安全的。
- 我是聪明的。
- 我是关心他人的。
- 我是冷静的。
- 我是有耐性的。
- 我是个有大爱与大美的女人／男人。
- 我是个心胸开阔且乐于接受的人。
- 我是个有弹性且自发自动的人。
- 我是勇于冒险的人。
- 我是爱好和平的人。
- 我是正向的人。
- 我是个启发他人、为人带来能量且带动他人的人。
- 我是________。

2. 回归中心点、宁静和接受的强化。

- 别为小事不安。
- 别以为别人在找你的碴。
- 不太快、不太慢，顺势而为。
- 一切终将尘埃落定。
- 你需要的只有爱。
- 给平和一个机会。
- 事情就是这样。
- 做自己就好。

· 我值得花时间和空间来疗愈自己。

· 见好就收。

以上哪个强化的陈述，最能引起你的共鸣？

用哪个强化的陈述无所谓对错，你可以把最喜欢的写在目录卡上随身携带，也可以存在手机里，平日随时拿出来看。

和本书中所有生活工具相同的是，养成使用强化陈述的习惯会很有帮助，注意当你在心中谨记属于自己的强化陈述时，你的思维和行为会如何反应。

PART4　用平和、目的和圆满来转变和实现

去除古老及日常生活中的情绪杂物是值得的事，可以为完整的生命铺设一条康庄大道。

但是，完整的生命要靠我们提升智慧的深度，并且学会保持包容力和开阔的心胸，以便将“目的”这个天赋的礼物带进世界。

服务他人能强化生命传承的目的，最重要的是，这么做能够培养相互疗愈的能力，推动我们朝向宁静和圆满的内心充实之路前进。

第十六章　今天就唤醒慈悲心

“世界上最棒、最美好的事情既看不见也摸不着，只能用心去感受。”

在心的四周竖起一道墙，是很容易的事。毕竟我们之中谁不曾经历某种伤痛、创伤或无法自拔的情况？如果你有一副经历酸、甜、苦、辣的身体，而我假设你读到这里时，也带着自己这样的身体，那么你就知道什么是失落、难过、悲伤和各种情绪与身体的痛苦。各种形式的苦，可以被视为一件坏事，但也可以是个机会，使你打开心房，认识苦是人类共有的存在本质。这样的认识可以作为一个途径，通过它使我们培养更觉知、信赖他人且慈悲的胸怀。

生命是如此宝贵、短暂，我们怎能不冒险敞开自己的心，哪怕已经伤痕累累？

如果我们把自己锁在伤痛、失落和不肯原谅的牢笼中，反而会对自己造成伤害。关闭心房就像作曲家琼妮·米歇尔（Joni Mitchell）唱的："他们把天堂铺上水泥，建一座停车场。"为了避免伤痛，而把心铺上水泥，只会制造出一个冰冷、荒芜的地方，幸好水泥地上只要出现最微小的裂隙，都有一株青草准备从中迸出来，心的重生也是如此持续不断。

我们的大脑经过进化，因而懂得爱他人且与他人联结，爱是像呼吸般自然的冲动。神经心理学家瑞克·韩森（Rick Hanson）在《只有一件事》（*Just One Thing*）中写道："自从人类及其祖先在250万年前开始制造石器至今，人脑的容量增大为3倍，而增加的部分大多是爱以及与他人建立关系的能力，人需要爱才算健康、完整，如果你的爱枯竭，你将成为槁木死灰。爱就像水，需要流动。”如果因为自我中心、不信赖、失望、不公义等各种理由，而使爱停止流动，我们该如何让它再度动起来？

☆

珍妮年仅 17 岁，是高三学生，因为偏头痛、忧郁和愤怒使她身心俱疲而来拜访我。她非常成熟，但她为许多事哀伤，珍妮从未见过生父，由于母亲深受多种成瘾之苦，珍妮年仅 7 岁就被送去阿姨家。后来母亲不再对外物成瘾，但似乎也没有能力爱自己的女儿，而珍妮在这世界上最渴望的，莫过于被爱。珍妮的母亲非常自恋，她对自己的人生，远比女儿在学校的诸多成就更感兴趣。

每次见到母亲，只让珍妮觉得不被爱且不被欣赏，因而感到忧郁。许多成年人不愿意原谅过去受过的伤痛和不公义，因此我不确定珍妮是否愿意下决心来解决自己的问题。但是在我们聊天的过程中，原谅母亲这件事引起珍妮的共鸣，我们讨论到为什么“原谅”能减轻自己的痛苦，但这不是忘记别人对我们做过的事，更不是容许对方继续施虐。我给了珍妮一份作业，请她找几句关于宽恕的名言，其中一句让她感触最深，就是甘地（Gandhi）的话：“弱者永远无法宽恕他人，宽恕是强者具备的特质。”

珍妮做了一件很特别的事，她不再期待母亲会为自己的行径向她道歉并改过自新。相反地，珍妮专心在她心中腾出一个空间，来摆放母亲自己的困难和苦痛。

这并不容易。珍妮会在见母亲之前和之后做慈爱的冥想，敞开心房疗愈每个新的创伤，这样痛苦和愤怒就不会恶化。珍妮也了解到她通过宽恕，给了母亲一份非常特别的礼物，那是没有人能给她的。珍妮努力保持对母亲的慈悲，令我感到很骄傲，而这也成为她柔软和敞开心胸的人生课题。

种种故事告诉我们，保持心胸的开阔是过程，心或许受过无法对外人道的伤害，但它也包含爱、希望、宽恕、坚忍和慈悲等种种解药。

敞开并付出慈悲心

你是否有种与生俱来的冲动，想去帮助需要的人，而没有想到这么做对自己的好处？这就是慈悲——一种不是来自自我满足或自我中心的助人之举。慈悲比利他或慈善的范围更广，也比感同身受的同理心更宽。此外，慈悲并不是想着："瞧瞧我这个助人的大好人。"慈悲的观点鼓励我们扩大视野，从整体社会的利益来思考。

科学家们研究慈悲，首先是探索慈爱的练习对负面思维、抑郁甚至疼痛的影响，这种练习是一种古老的冥想，能将爱和关怀转向自己和他人。一份发表在《人格与社会心理学期刊》（*Journal of Personality and Social Psychology*）的研究，调查慈爱冥想对于进入职场的成年人有哪些影响，研究人员发现，控制组和练习冥想的实验组之间有显著不同，因此做出结论："做这个冥想练习一段时间后，能使每天感受的正向情绪增多，从而增加各方面的个人资源（例如提升正念、生命的目的、社会支持、疾病症状减少）。个人资源的增加，预期将提高生活满意度，降低抑郁的症状。”

在另一份研究中，杜克大学医学中心组成的研究团队，证明慈爱冥想对43名罹患慢性下背疼痛的人有直接影响。受试者的平均年龄为51岁，每个人都经历半年以上的下背疼痛。研究人员在8个星期当中，每次90分钟的集体式慈爱冥想，这些参与慈爱练习的人相较于控制组，疼痛、愤怒和心理的悲苦显著下降，后续的分析也显示症状明显改善，至于没有采取任何行动的控制组则无改变。

基本上，慈悲能转变我们的脑。科学家请练习超过1万小时慈悲冥想的和尚接受核磁共振，来评估他们的脑部功能，结果显示脑部受过慈悲训练的和尚，出现高振幅且同步的伽马波（γ 波），这种不寻常的脑波模式，据悉是高功能脑特有的现象。

好消息是，不需要5年的密集练习，就能获得慈悲的好处。只要了解苦的普遍性及苦的根源，就能生出富有慈悲的行为。首先，你注意到人的行为往往是出于离苦得乐的欲望，我们只需要用世间八风（详见第四章）来检视生命的经历，就能了解对自己想要的紧抓不放，不想要的连忙甩开，结果是造成苦的情绪杂物。

当你透彻了解这个真理，就能认清无明、贪欲、妄想或嗔恨，而不需要随之起舞。扫除有害的情绪杂物，就能以爱、理解和慈悲自在地回应。

想一想以下对他人付出慈悲心的问题：

· 如果我要请我的心，对目前面临的难题给予忠告，我的心会提供什么样的洞见、智能或深度的真理？

· 我的心对于我想修复的人生中一段重要关系，有什么感觉？

当然，应用慈悲的最佳起点是家庭。不要把自己的悲伤诠释成病态，称它们为抑郁、焦虑之类的，我们可以看看它的源头，也就是造成我们进退不得的紧抓不放和不健康的执着。因为固执而被困是生命的本质，既然如此，又何必责备自己、为自己感到羞愧，或是咒骂自己呢？

了解自己有执着的人性后，我们可以安住其上，这也是迎接当下极具疗愈的方式。接受造成愤怒、悲伤、焦虑和忧郁的状况，会大幅改变我们的身份认同。每次我们对他人慈悲，就是把苦连根拔起，这种治疗方式缓慢但诚实、宽容且友好。当然，你随时都可以把自己贴上有缺陷的、需要改善的标签，但请记住：这么做会给你什么感觉？那样的心态曾经帮助过你解决任何问题吗？

比较好的做法，是练习对自己慈悲。花点时间尝试以下简单的起步方式：

· 首先，想想一些伤害他人的行为、话语或念头，而且你为此感到自责。

·想想一些对自己造成伤害的有意或无意的行为、话语或念头。

·由于没有人是完美的，你如何在日常生活中，更接纳自己，对自己更慈悲？你能不能选择敞开心胸，使这些伤害远离你？

由于每个人都曾经伤害过自己或他人，请在接下来的一分钟，宽恕自己某个造成伤害的行为、言语或念头。即使你不认为自己应该被宽恕，但你还是把宽恕当作送给自己的礼物，感受一下。

☆

那是南加州某个充满阳光的温暖午后，我受几位朋友的邀请，去跟一位我听过的、但未见过的心灵导师共进午餐。到了告别的时刻，我想和这位心灵导师握手，他却给了我一个大大的、温暖的“熊抱”，我也以相同的“熊抱”回应。这时我立刻有种难以用言语形容的、奇异的微妙感觉。

当我离开那里时，一种甜如蜜的刺痛感像一股暖流般，流向我的脖子和背部，不久覆满全身，就像沉浸在爱的能量中。我被这令人目眩的感觉充满，无法遏制脸上的笑，等到我走到室外，我被一种难以抵抗的喜悦和幸福感层层包围，连车子停在哪里都忘了！

我天性多疑，或许这是因为父亲是个工程师，用科学家的心态来看待每件事：如果某件事无法被观察和解释，那就不是真实的。但现在的我沉浸在一股强大且无法否认的慈爱能量中，这是我练习多年，以及从其他老师那里学到的冥想。

【生活工具】用慈爱把心唤醒

找一处安静的地方坐下、站着或躺下进行冥想，这个冥想包含动作、观想和言语。

你必须想要敞开、唤醒以及柔软你的心。你将这种无分别的爱给予自己和其他人，包括你的朋友、中性第三者，甚至对你不友善的人，交给你所爱的、所关心的人。别太着急，只要跟随你的心，顺其自然就好。每当你感到害怕或是关上心门时，都可以使用。

慈爱冥想

首先，慢慢把手掌心覆盖在心脏上，一次一手，轻柔地保持这个姿势。让自己感受手和心脏之间的温度，如果你感受不到温度，想象金黄色的光，让你的心和双手沐浴在温暖的光亮之中。如果你的心感到沉重，或是感觉心的四周有一堵墙，容许那道墙变小而后分解。

做一次深长的吸气，就好像吸进爱，那些所有照亮过你的生命或你崇拜的恩人和亲人给予你的爱。想象这个爱就像金黄色的光照亮并柔软你的心，使心发出光亮，这光是温暖的，带有对自己和他人的慈爱。

其次，慢慢将双手从心脏向外移动，同时将心脏的温暖和光亮向外延伸，使它继续和你的手心联结。继续吸气。将双手向外移动，直到在你面前形成一个半圆形，你的双臂张开，想象心脏这股发光的暖流向外扩散，流向他人。你可以把它想成一个向外膨胀的气泡，气泡将它碰触的一切，包覆到它金黄色的光罩之中。这道光创造吸引人的温暖，其他人也可触及的温暖。这道光也保护你，使你处在安全的状态下，且不分彼此，为所有人祈福。

再次，你也可以想象慈爱的金黄色光芒扩散到更远的地方，进入邻近的地方、乡镇、州、国家、半球、世界、太阳系、宇宙，以及各个星系，仿佛光照亮所有受苦的人。

结束时，把双手带回你的心脏位置。再次将手心罩住心脏，把慈爱传送给自己。

最后，做一两次深呼吸，让自己回到你所处的时空中。呼气时缓缓将手放下，来到身体两侧，结束这次练习。

你也可以问自己：

- 什么时候可以把这个练习整合到日常生活中？
- 我如何把慈悲化为行动，对他人伸出援手？
- 我如何记录自己的感受，并邀请他人来体验慈爱？

第十七章　忠于当下

“真正的活着，就是在一个人的日常存在中，感受终极的存在。”

圣本笃（Saint Benedict）是公元6世纪的意大利籍修道士，他所写的《圣本笃准则》（*Rule of Saint Benedict*），成为追求灵修者的指导方针。为此，见习修士或修女必须立下“对修道院生活忠诚”的誓言，这里的“忠诚”的意思是“一生皈依”，在这层面上就更具深意。罗伯特·强森与杰瑞·卢尔在其著作《满足》（*Contentment*）中，认为这是“对当下忠诚”的誓言，目的是协助支持修行的人们。圣本笃修道士练习忠于当下的做法之一，是每天唱诵七次祈祷文，任何人都可以用这个美好的方式，作为清除情绪杂物的新工具。

忠于当下能大幅转变我们对一些被视为理所当然的事情的感受。我的朋友班尼在他第一天没有碰毒品时就是如此，他曾经是毒品成瘾者，现在是对慈悲成瘾的咨商师。就在班尼下决心不再碰毒品的那一天，他走在纽约街头，忽然闻到空气中有一股甜甜的诱人气味。

班尼不明就里，好奇的他就跟随这股气味来到街角。令他惊喜的是，他的鼻子带领他来到一丛美丽、茂盛的红玫瑰前，花朵的美令他惊艳不已，玫瑰象征他从行尸走肉的毒瘾生活中醒来，使他对当下更加忠诚不贰。当你忠于当下，用直接且全新的方式接触那朵玫瑰、那个人、那一口食物，而不只是在心里贴上标签，写着“呃，又是一朵玫瑰”或者“哦，又是乔”。

罗宾·威廉斯（Robin Williams）在电影《死亡诗社》（*Dead Poets Society*）中对学生的劝告，正是发挥忠于当下的精神，他说：“把握今天，孩子们。让你们的生命变得精彩。”

简化、简化、再简化

不动产经纪人一再强调“地点、地点、地点”是买房产时的重要因素，同样地，简化生活能去除心灵杂物和周遭环境，使我们每天过着更忠于当下的生活。

简化的想法其实很简单。就是少一点忧虑、少一点烦心、少一点选择。我不是建议你把车子换成一匹马和四轮马车（这年头要是找得到马和马车的经销商，就算你好运），而是区分“超过所需”和“足够”之间的差别。分清两者可以指引我们简化和缩减，并以此作为扩充或升级的指导方针。

我曾经是科技产品的成瘾者，但现在只有在计算机跑不动或无法运作时，才会将软硬件升级，当我看到别人手持超大尺寸的智能型手机时，确实会对屏幕兴起一阵妒意，这时我会提醒自己重新评价我的手机，它摆在口袋里恰恰好，而且提供我需要的所有功能。重新评价并且欣赏你现有的事物，能够使你接受简单生活，并且有效抑制“超过所需”的冲动。生活简单能使心灵更平静，同时去除永远想要最新的、最先进的东西所带来的忧虑。

你可以把区分“足够”和“超过所需”应用到周遭的事物，包括在家中和在办公室里。我家厨房里曾经有个柜子，里面塞满我这辈子都用不完的塑料容器，我把这些容器洗干净后，把大部分的捐出去，只留下“足够”的量。现在我打开柜子的门，再也不会有三四个容器掉到地上。我也用同样方式，处理掉衣柜里多余的衣服和车库里开都没开过的盒子。我用来判断清除与否的标准，是问自己：如果过去一年来我不曾打开过这个盒子，也没有穿过这件衣服，为什么还留着？这个问题适用于实体杂物，但也可以用在保持心态的简单、整齐上。

简化生活不光是东西，也包括使用和管理时间的方式。时间是宝贵的资源，有智能地使用时间，对情绪的安详和平衡非常重要，如果你把太多事挤在一天、一周或周末，注意你会有什么感觉。

研究发现，采取简单的生活方式有益情绪。心理学家、研究人员兼作家罗伯特·比斯瓦斯－迪纳（Robert Biswas-Diener）到世界各地旅行，试图了解简单生活对情绪满意度的影响。为了更深入了解，他花了几个月，来研究强调简单生活的阿米许小区，研究发现：“阿米许人从心理学的角度来说相当健全，我发现平均而言他们对生活高度满意，至于情绪，受访者全部都高于中间值。”

当然，简单不仅是需要多少东西，也包括需从事多少活动，如果你的社交日程表密密麻麻，仅仅想到必须从事那么多活动就感到精疲力竭，那你该简化了，也就是划定界线，限制你工作到多晚，或者跟别人玩到多晚。你有权为照顾自己而设限，这种简化能使你更加忠于当下，而不是因为行程太复杂，多到应付不来而感到焦虑，因此无法好好品味当下。

以下的生活工具提供几种方法，唤醒你回到当下。忠于当下不只是练习，更是存在方式，越常实践忠于当下，越能轻松来到当下，并且对“不平凡的平凡”有新的认识。

【生活工具】忠于当下

忠于当下就是在进入每个时刻时，不执着于期待，也不抱持先入为主的观念，禅宗大师把它想成一种“不知”的心，不知道所有答案是多么美妙的事，不扛着对或错的压力是多么美好。放胆去探险此刻，就是在取回孩童般的觉知，那是你天生曾经拥有的。这里没有成功与失败，只有忠于每一个到来的新鲜时刻。

1. 和呼吸一起忠于当下。

如果对当下失去忠诚，你随时可以做一次缓慢深长的呼吸，与当下重新联结。问你自己：这个呼吸是昨天的吗？是明天的吗？每一次呼吸就是让你再度回到当下。呼吸的本质是不执着，如果你努力长时间屏住呼吸，小心晕倒。

2. 和另一个人一起忠于当下。

柔软你的心，接受与另一个人同在。放下对这个人的偏见，以及你对他或她的行为和举动的期待。即使你确定对方是你一生中最难相处的人，也请你接受。发挥你的好奇心，打开视觉、听觉等感官。听听言外之意，用心倾听内在的情绪，并且感同身受。别只是看，要看到对方的眼里、面孔和心灵。

你的爱和接纳说明很多事。每当你发现自己动不动就用头脑替别人归类，把人贴上标签，或是把人像棋子或物体般移动，请你退后一步，深呼吸，再度柔软自己的心。想象每个人是有两条腿、可以移动的树，带着惊讶的心情注意并欣赏每一棵“树”，因为他们是全宇宙中独一无二的。

3. 和自己一起忠于当下。

清空杯子来接受，放下你认为的自己。放下所有令人窒息的事，那些告诉你应该做什么、应该怎么做的事。你何不假装自己什么都不是，多接收一些空气、光线和空间？

4. 与感知的身体一起忠于当下。

身体是此刻的容器，你只需要把心态调整到现在，倾听活力、感受和生命力交织的乐章。当你注意到自己用头脑而不用身体的时候，在那个时刻，注意踏在地上的双脚，像你喜欢的植物或树木般，把双脚稳稳踩在地板或土地上，与地面联结。

每当你感受负面的情绪杂物、紧绷或任何压力时，把气吸进身体的那个部分。想象吸进来的气充满紧绷的地方，接着吐气，仿佛让呼吸带走所有负面的情绪和身体的紧绷，从你的大腿再到双脚，最后进入大地回收。根据你的需要，多做几次这样的呼吸。

如果身体感到难过、悲伤、失落、焦虑、忧郁、沮丧、孤单，认真对待这些感觉，因为身体的智慧会告诉你，在你人生中的某件事需要改变，尊敬这些感觉，同时知道它们不代表你这个人。试着说出身体传送给你的生理感受属于哪一种情绪，可以帮助你更加了解你的情绪。最后，为了寻得内在更多和谐，采取行动——例如取得支持或协助。

把身心放在这宝贵的礼物上，安住其中，感谢身体每天为你做的事。多么美好！

5. 在走路时忠于当下。

走路的时候，身体放软，变得能屈能伸。像猫一般行走。注意身体所有的运动，左右脚举起的样子，左右腿如何向前跨，左右脚如何放下，踩在地上，脚踝的弯曲，以及身体如何把重量从一侧转移到另一侧。

更重要的是，走路的时候专心走路。其实也没有别的事可做。只要身体朝向正确的方向，你就不会迷路。放胆让自己产生碰撞，但是当你忠于走路时，这几乎不可能发生。走路是为了身在此地，不是为了到另一个地方。

6. 通过退一步并且简化，忠于当下。

当压力或是任何充满情绪杂物的状况使你无法招架时，假装从一段距离外观察自己。想象你正在山顶或从直升机向下看，从这个安全的制高点，你不必认为正在发生的事跟你有关，你可以在那里，但不需做出反应。如果简化能缓和某个状况，那么就容许自己简化。采取这种不粘锅式的观点，省思有哪些可能的选项，如此就可以有技巧地响应当下。在困难的时候唤起自我接纳或自我慈悲的态度，是忠于当下的一种有技巧的做法。

☆

这些生活工具就像在浴缸里倒清洁剂：唯有刷洗，才会真正干净。

尝试以上所有练习，养成使用的习惯。经过一段时间，这些练习就会自然融入你的生活，轻松就能忠于当下。

首先，把这些生活工具纳入待办事项或记在记事本上，看哪些练习对你最有用，你可以把以上工具组合成专属你的一套组合，来加强你的临在、不粘锅心和每天的柔软。

第十八章　成为解结大师

“如果你想解结，首先要了解结的打法。凡是知道一切事物源头的人，也知道它们终将消亡。”

你是否曾经遇到过或知道有什么人，没有被某些麻烦事、负面包袱拖着走的呢？情绪包袱就像被捆成一个大球的美丽丝绸，上面打了许多结，每个结代表一种情绪的纠葛，一种不健康的瘾，或是习惯性的焦虑、嫉妒、愤怒或沮丧的情绪反应。由于累积了一辈子的死结，我们不再能轻易感受或看到丝绸的柔软和它自由飘动的特质，而且这一捆丝绸紧到有时结中还有结。你那球结像什么样子？它有多大？有多重？每天拖着它有多累人？最重要的是，如果你能解开这些结，甚至是在新的结形成之前就把纠结的丝绸梳理开来，如此一来这个球便不那么累赘，也更容易理清头绪，你觉得如何？

信不信由你，即使是人生最顽强、难解的结，都解得开。想象某人对人生的起落抱持开放、接纳的态度，他或她似乎不被嫉妒、贪婪和羡慕纠结，是“你好我也好”的人，既不沉溺在过去的负面记忆中，也不为未来而焦虑。当然，这样的人也会感到失望、不耐烦和沮丧，但他们知道如何释放掉这些情绪，而不为当下的处境添加更多的结。有一位禅宗大师曾写道：

发生了某些事令你无法应付时，请继续往前，不是叫你到哪里去，而是你终将准备好去处理它。目前只要倾听自己的声音，如果时候未到，不要催促，顺其自然就好。有些人说，你必须处理每件事，但要视时间、场所而定。如果感觉像是个结，就等一等。当你和宇宙做好准备时，它会再度出现。

不去“修理”或解决某个打结的状况，这件事有其智慧和对自己的慈悲。你可以暂时喘口气，因为你知道给自己时间、空间并不是逃避，只要你是在有意识的情况下后退。别担心，结会再度出现，而你将有机会再度处理它。

“暂停、命名、接纳和放下”所具备的解结力量

假设现在是周末，孩子们去找朋友玩，你多年来第一次能真正松口气。但是星期六晚上，就在你正要跟朋友出去之前，一个同事跟你联络，要讨论排定时间表的事宜，弄定了以后，星期天早晨醒来，又发生同样的事，就在你正要出门喝一杯美味的咖啡、上一堂瑜伽课之前，你再次被打断，被迫处理更多工作上的事。

你决定寄电子邮件给你的朋友邦妮，告诉她在这宝贵的周末期间，因为工作的打扰而可能让你打结。以下是两封很不一样的电子邮件，一封把结绑得更紧，另一封把结松开。

给：邦妮

主题：打结

我在瑜伽中心，等着上十点半的瑜伽课，差点没赶上，这要拜工作“之赐”。你相信吗？ 星期天早上竟然打电话跟发电子邮件来谈公事！ 我超不爽的，他们老是叫我休假时工作，真不公平。他们无权这么做。我明天真不想进办公室。

最糟的是，我必须用慢炖锅替孩子准备晚餐，却得在最

后一秒钟换菜单，但更难过的是想不出来要做什么菜。所以，我连瑜伽都不想做了。但我还是会试试吧。

给：邦妮

主题：解结

我到瑜伽中心，等着上十点半的瑜伽课，我需要做瑜伽。我早上起来用慢炖锅替孩子准备晚餐，但公司的同事打电话和发邮件来，让我必须临时改变菜单。我发现自己有一点气恼。他们为什么又在我休息的时候谈公事？

我想了想，然后就随它去。

总之，来这里真好。

第一封电子邮件，说明人被负面情绪纠缠是多么容易的事。第二封电子邮件则采取完全不同的处理方式。虽然你可能觉得写第二封信的人只是抱持“随它去”的态度，但写信的人很有技巧，第二封电子邮件其实是在利用 4 个步骤的程序，包括：①暂停；②观察以及替情绪命名；③同意情绪和状况是短暂的；④释放情绪和状况，随它去。这个程序被科学证实有助于在当下打开情绪的结，接着我们来进一步探索这个程序。

一份公布在《食欲》（*Appetite*）期刊的研究，调查体重过重和肥胖症患者对食物的渴求。研究人员想知道，以正念来觉察并接受对吃的渴望，帮这些人从心理上断绝这种渴求，是否能破除暴食以及对食物渴求的适应不良循环。受试者接受为期七周的训练，重点是观察并且培养对渴求食物的接纳。研究结果显示，参加实验的人对食物的渴求显著降低。

研究人员认为，上述现象的理由包括“解除执念，并且降低冲动和反应之间的必然关系”。意思是说，参与者得以暂停并且后退一步，他们没有和自己的渴求融合为一，没有把渴求食物和个人认同画上等号；相反地，他们仿佛在一段距离外，观察并替这种渴求命名。这种后退一步的态度，让他们接受对食物的渴求，并且时刻注意，而不是无意识地对食物渴求做出反应并且屈服。这个暂停以及为渴求（或情绪）命名的程序，帮助我们摆脱它，能中断并停止过去的习惯性反应或成瘾行为。如此一来，正念觉察和注意力就像是介于冲动和惯性反应之间的刹车。

不要试图压抑或抗拒冲动，比较有效的做法是接纳，因为接纳证明任何渴求或情绪都是暂时的，终究会平息并消失。了解这件事很有用，因此接纳能在此时此地解开难解的结，哪怕这些结由来已久。这个解除渴求或负面情绪的程序，不仅适用于对食物的渴求，而且适用于其他有害行为和成瘾上，从毒瘾等硬性成瘾，乃至网络性交和色情刊物等所谓软性成瘾都是。

现在，来解构前面两封电子邮件中隐藏的信息。重新阅读第一封电子邮件，会发现内容和负面情绪之间难分难解，其中“我超不爽的”和“难过到没办法思考”，代表写信的人把情绪的结打得更紧，这个人其实在说“我处在”这个情绪中。事实上，负面情绪的结又紧了好几倍，甚至投射到未来——“我明天真不想进办公室”。在花了几分钟平复心情后，这个人仍带着过去的情绪杂物走进瑜伽教室。而她对发生过的事，没有进一步的想法、内省或探究，这绝对无助于解结。

现在重读第二封电子邮件，留意在发现情绪和融入情绪之间有个微妙的区别，这封信的寄件人写道“我发现自己有一点气恼”，代表他脱离自己的情绪，他有技巧地暂停下来，观察并替情绪命名，甚至指出气恼的程度，这个人也内省，问道：“他们为什么又在我休息的时候谈公事？”这点很重要，因为发问的举动帮助我们脱离情绪。当你对某件事提出问题的那一刻，就是把发生的事、渴求或情绪，作为你注意力集中的对象。现在，你思考的是解结并且省思，而不是创造新的结。

最后，寄件人来到“接纳和释放”的阶段，他写道：“我想了想，然后就随它去。总之，来这里真好。”这个人从瑜伽课找到值得感恩的地方，放下曾经发生过的事，把所有的注意力带回当下，这个人练习瑜伽的时候，不再背着沉重、庞大的一捆结。

探索如何放下，顺流而去

生而为人，都会受限于各种紧抓着我们的情绪杂物结，所以让我们来探索平日该如何放下这些结，顺其自然。首先，接受情绪杂物必然发生。你在某个时候会发现结被创造出来了，但你用什么态度来面对这些结，会造成不同的结果。关键是不要把注意力放在外在世界不断吹送的流言蜚语上。

相反地，多注意内心世界的此刻，提高内在的觉知，再加上第十五章中不粘锅思维的技巧，能帮你柔软自心，即使面对新的情绪杂物，依旧能保持开放的心和适应力。接着就来看看，如何点亮内心的探索之光，以保持临在、回归中心点，避免新的结产生。

想象你正卡在车阵中，来不及准时上班、开会、练习足球等。更糟的是，有车子突然插进来，害你差点撞到，之后又对你做出不友善的手势，或许你会发火、大叫或举起拳头，甚至不顾危险尾随那个冒犯你的司机。这个例子说明分毫间发生的事，可能使你做出激烈的负面反应。负面事件发生的速度，往往快到没时间放慢速度，思考该如何应对，而不去立刻予以反击。

让我们练习把速度放慢。在你心里想象一个类似但真实的事件，导致你跟上面的例子一样，做出类似让人苦恼的惯性反应。回忆一个一触即发的真实情境，把你自己放回到情境中，感受负面情绪，以及这些负面情绪对身体的影响。暂停，做一两次深呼吸，现在，在你内心点燃探索之光，在你继续呼吸的同时，问以下问题：

- 这个结一开始是在哪里形成的？这个结的源头是什么？
- 我从这个结感受到了哪些情绪？
- 这些情绪有多强？
- 我认识的人当中，有谁做出类似反应？
- 这个结怎么会变得这么强？

· 我在一生中，有多少次做出这样的反应？
· 我只是个做出制式反应的机器人？

现在，在你进一步探索结的时候，将“探索光束”开到最大，但别想得太用力，顺其自然。

在心里描绘这个结的样子，想象旁边有个智者突然拍起手，问你：“谁？”“什么？”“哪里？”用这些问题对你发动猛攻，这时问你自己：

· 我在这状况中，想避免或贪求什么样的感觉？
· 我为什么不接受现在发生的事？

你不见得知道所有问题的答案，而且或许永远不会知道，没有关系。重要的是探索、询问，以及破除无意识反应的老路子。恭喜你有勇气暂停，将探索的光照向内心。

当你探索的时候，你还会觉得心烦、愤怒、沮丧或不耐烦，或是仍感受到一开始经历的情绪吗？希望不会，因为你把你的观点，用一种非常根本且深度的方式转移了，你成了中性旁观者，而不是被一个老掉牙的、受制约的机械式反应挟持。

探索之后，让自己变得更爽朗些，让这些结再松开一点点。注意松开拳头，感受拳头不再紧握时，是什么感觉。你人生中的这个打结的状况可能持续，但你无须把结绑得更紧。当结出现时，你可以亲临当下发生的事，通过探索和接纳你的感受，来松开你的结。接着，完全亲临此时此地，容许自己释放它。这个结根本不会永远存在，解开一个以后，其他的也会跟着松开。

【生活工具】用“小石头”解结

以下有个好用的生活工具，使你继续临在当下，但又不被结纠缠住。每天最多花 10 分钟做这套冥想，或者当你觉得身边的结变紧的时候也可以做。找个可以静坐不受打扰的地方，这个冥想的目的，是让心静下来。这套冥想采用的比喻，是一颗沉浸在内心波涛表面下的卵石，这颗卵石静静躺在海底或河床，在水（心）波不兴的宁静之处。当你将注意力放在这颗卵石上时，你的心也慢慢从狂乱的念头中转移开来，卵石的冥想就是以这种方式，教导疲惫的心休息。

卵石冥想

在心里描绘一颗卵石，躺在海底或河床上。它可能是完美的圆形，或者有圆滑的突起。想象这颗卵石在阳光的照射下，如何闪耀发光，观想在这颗卵石周遭——清澈而平静的水。

这颗卵石并没有什么事要做，它只是颗石头，从卵石的角度来看周遭的鱼群和所有动物。但是这颗卵石岿然不动，无论在水面附近有多少个结和念头漩涡，它却始终保持在安稳无虞的状态，从卵石的角度观察这些结如何松开，然后被河水或海水的急流带走。

你可以想象，做那颗卵石会是什么样子，知道卵石没有什么事要做，只是单纯地存在着。呼吸——只有这颗卵石在吸气，只有这颗卵石在吐气，如果你发现有条漂亮的鱼（愉快的念头）游经身旁，你可以跟着它，然后把注意力带回呼吸和身体；如果有条打了结的鱼，甚至是一条鲨鱼（挥之不去的负面或吓人的念头），怎么赶都赶不走，你随时都可以睁开眼，停下来，下次卵石冥想（但是，通常那条可怕的鱼过一阵子会游走，你可以再开始卵石冥想）。

你也可以选择一个字，使心保持注意力。选择一个中性或让人放松的字或词组，例如："一""宁静""安住""卵石""绿"，或其他不刺激你的心，也不制造很多心理联想的字眼。不用一定选定某个字，只要偏好这个字胜过其他念头即可，同时保持对呼吸和身体的觉知。如果你的心到处游移，或者跟着一条漂亮的"鱼"跑了，没有关系，只要轻轻回到你选的字或词组即可。

☆

以上练习如何安顿你的心？ 你是否能继续跟卵石在一起，以及你选择的字在一起（如果有的话）？

这个练习和任何去除情绪杂物的练习一样，定时使用效果最佳。你可以考虑把这个练习排到一天的行程中，思考在一天中的哪些时间段，对松绑每天的结最有效或最有帮助。

第十九章　每天拍一张喜悦的快照

“知足不辱，知止不殆，可以长久。”[①]

① 此句出自《道德经》第四十四章。意为懂得满足就不会受到屈辱，懂得适可而止就不会遇到危险，这样才可以长久平安。

以下建议“有助”于你陷入悲惨状况：忽视一天之中，在你周遭的所有好事和不错的事。还有抱怨你无法改变的事，甚至抱怨你能改变的事。我的建议是可以一直写下去，因为我们都曾经历过。有一次，我在一家购物中心开读书分享会，当时有大约 25 名有兴趣的观众，我们进行了一次愉快且亲密的互动。

我决定借由问问题来带动气氛。我问他们：“你们之中有多少人，对今天发生的某件事感恩？”当时已经过了正午，我想大家应该有足够的时间，注意到某件值得感恩的事，像是流动的水、太阳、暖和的衣服、健康到足以站立和说话、有食物可吃、购物中心的小吃街只在几步之遥，以及他们坐着的舒适稳定的椅子。结果，一只手都没举起来。他们并不是没有值得感恩的事，只是没有注意到在他们旁边，那些平凡的、不错的、好的事情。

这是个很容易掉落的陷阱，在我们经历过的种种高期待和高度刺激下，唯一能抓住我们注意力的，似乎是最新的、最近期的炫酷玩意或是戏剧性的新闻。我们会不由自主去注意新奇事物，被诱导而相信我们能通过商业行为买到快乐，这些对我们都没有好处。我不会为此责备任何人，因为我们的环境就是这样。但如果你真的想扫除日积月累的心灵杂物，对你拥有的事物感恩，最好的、最方便的做法，是找出每件事的可喜之处。你也可以去某个爱心食物发放站，跟那里的贫苦人家聊一聊，有时我们只是需要醒来看看四周，就会感恩自己拥有的。

我想再多说说关于喜悦的事，以及为何喜悦有时会被忽视或误解。第一，让自己沉浸在喜悦中，不代表要逃避生活的困难和问题等现实状况，光是因为生活中有挑战或失落，不代表你不能转移觉知（甚至是同时）来体验喜悦。这就是生命中美好的模棱两可。生命不是一加一等于二这种单纯的公式，喜和苦同时存在，就像光包含彩虹的所有颜色，要活出真正的生命，就要找出在我们身旁的、隐藏在日常事务中的喜悦。

第二，喜悦不是带有罪恶感的愉悦，即使它代表你没有生产力。喜悦并没有真正生产出什么来，不是吗？ 而那正是重点。喜悦跟机械式的人生观相反，后者像机器一样，根据我们生产多少、做多少事来衡量自己，喜悦融入了生命中看似绝望的部分。有了喜悦的心，活着本身就值得珍视，于是即使是我们的工作都可能是充满喜悦的，喜悦把生命的所有部分，织成一片无缝的布。

心灵的良药

喜悦和快乐之间存在着微妙但是重要的差异。快乐往往被视为情绪的终点，是一个可以被达到而且维持的状态，我们都听过以下类似的话：

· 等我获得那个“大位”以后，就会很快乐。

· 在我还没找到梦寐以求的那个人之前，我的人生都不算真正的完满。

· 每次我看到邻居闪亮的新车，就对我的车高兴不起来，即使我的车子也很不错。

是的，当你达到某些里程碑，或许你会感到快乐，但是这种快乐能持续多久？ 事实上，这些结果或终点只是通往某处的中转站，我们紧抓不放的结果并不是真正的结局，但我们却经常把它们跟一种感觉状态画上等号，仿佛那永远不会改变！ 不幸的是，逃避负面感觉或抓住正面情绪的企图也无法持久，因为这要依赖某个外部的东西，换言之，是在我们之外的、无法掌控的东西。

我们能控制什么？ 我们可以控制该把注意力放在哪里，以及如何规范自己，快乐和喜悦就是在此分道扬镳。喜悦（joy）这个字源于欢庆（to rejoice），也就是一个人如何玩乐和庆祝。虽然快乐往往从平安和生活满意的各个层面来衡量，但有些国家和地区会利用健康、时间使用、生活水平、教育、社会活力等标准，来衡量国民幸福指数（Gross National Happiness，GNH），然而喜悦却是一种使人开心、转瞬即逝、存在于须臾的感受。

快乐是个名词，欢庆是动作、动词。欢庆是参与这一刻，于是我就要问：你想要怎么玩？ 你最后一次精力充沛地、不受约制地欢庆和玩耍，是什么时候？

大笑是欢庆此刻的好例子，科学家发现笑的作用不止于提振心情。20 世纪 60 年代，诺曼·考森（Norman Cousins）研究笑对身体健康的好处，首先是他自己遭遇危及生命的疾病时，了解到笑对健康的影响。考森被告知他只有 6 个月可活，他的疼痛剧烈到无法成眠，在亟须休息的情况下，他尝试了一件没有人认为有帮助的事，那就是大量的笑。

考森把一台 35 厘米长的电影投影机带到病房中，把喜剧片投射到一面墙上，他很快就发现，30 分钟用腹部的力量大笑，使他在未被麻醉的情况下，没有疼痛地长睡了两小时（后来的研究也支持他早期理论）。考森因此康复，也造就了他在加州大学洛杉矶分校的研究。如今考森心理神经免疫学中心（Cousins Center for Psychoneuroimmunology）在身心的关联性方面，继续从事开创性的研究。

当时考森把笑作为一种治疗，他并不知道有毒的压力荷尔蒙如何从他的身体系统中被清除，也不清楚他的免疫系统如何得到强力提升。从那时候起，数百个临床、同行评阅的研究证明这个过程如何发挥功效，其中一份研究发表在《健康和医学的另类疗法》（*Alternative Therapies in Health and Medicine*），调查幽默电影对癌症病人的影响，其中一组癌症病人看这部幽默电影，而控制组则是看一部不幽默的旅行影片。

研究人员发现，看过幽默电影的人，压力荷尔蒙显著下降，这点很重要，因为压力荷尔蒙——可体松会破坏身体的防卫系统，甚至杀死自然杀手细胞（NK），自然杀手细胞为免疫细胞，能对抗病毒甚至是某几种肿瘤，看过幽默影片的那组病人因为杀手细胞的活动力显著提升而获益，于是研究人员得出结论："杀手细胞的活动力低下，与疾病抵抗力降低，以及提高癌症和 HIV 患者的发病率有关联，因此大笑或许是一个有用的认知行为介入。"

大笑也被证实能提高人类生长激素以及减少疼痛的脑内啡，难怪大笑这么舒服！玩耍和欢庆的大笑，也能增进我们与他人的感情。大笑等形式的喜悦，能有效克服负面情绪，例如你是否曾经同时喜悦又愤怒？你是否曾经同时感恩又嫉妒？这些都是无法并存的情绪，你无法同时感激某人，又嫉妒或羡慕对方。

☆

翻旧账和负面的情绪杂物会阻断喜悦，同样地，喜悦也能阻断负面的情绪杂物。艾琳娜就是一个例子，这位 23 岁，亮丽、迷人、充满活力的女子来见我，是因为她对食物和体形有过多执念，并且担心饮食失调症复发。幸好她还没有开始限制自己进食，或是过度运动，我之前曾在艾琳娜待过 3 个月的诊所担任资深心理健康治疗师，因此我知道克服厌食症和暴食症等饮食失调症有多么棘手和困难——就连最轻微的压力，都可能引起控制食物的需要。

艾琳娜当时因为回家住而感到压力，她的母亲像只老鹰似地盯着她。就连男友都扮演起照顾者的角色，想确保她不会再度生病。脱离对食物的执念，并没有让艾琳娜享受其中的自由，她反而精神紧张，感觉好像每个人都在监控她的饮食习惯，当然事实的确如此。一开始，她接受自己正处在过渡期，这有助于让她多接受现况一点。

但是，真正对艾琳娜有帮助的，是把注意力放在喜悦上。我在与她的初谈中，对于她如何找到喜悦有了一点线索。她告诉我，她在最近去新奥尔良的旅行中，能够尝试不同的食物或自动走进餐厅，而不用先仔细看菜单，这是她饮食失调症发作时，绝对不可能做的事。积极从事素描的艺术家艾琳娜，替新奥尔良的法国区（French Quarter）、波旁街（Bourbon Street）和花园区（Garden District）等地标画了许多张素描，我请她把素描带来，她很高兴和我分享画作。很明显地，当她专注在真正带来喜悦的事物时，便将注意力从过去饮食失调的杂念中转移开来。

于是我给了艾琳娜一份很不一样的“家庭作业”。我请她把家乡波特兰想象成一个富有异国情调的城市，然后用素描表现出来。习惯通过视觉学习的艾琳娜，立刻喜欢上这个点子，我叫她每当发现饮食失调的念头悄悄回到脑中时，就拿出素描本画个美丽或特别的东西。下个星期回来时，她又回到恢复模式，从心底享受用视觉艺术来获得喜悦和热情，于是饮食失调的念头就消退了。

饮食失调是个复杂问题，这个故事并非暗示喜悦可以单独被用来介入饮食失调的大发作，原因之一在于缺乏适当食物和养分而导致的认知缺陷，可能会出现无法理解喜悦的现象。然而，喜悦能帮助正在和执念对抗的人，这项事实足以证明这个去除情绪杂物的练习能赋予我们力量。

【生活工具】抓住每天的片刻喜悦

以下 3 种生活工具，能帮助你轻松找到喜悦，当你开始注意到一天当中的喜悦时，这些练习会变得越来越频繁，甚至不需要费力。即使当你遇到以前让你恼怒的情况，你也会发现自己竟然环视四周，从中寻找片刻的喜悦。多棒啊！

用以下练习来实验，看哪些练习能帮助你抓住每天的片刻喜悦。

1. 想一想令你感激的事。

找到喜悦的一种好办法，就是留意在你生命中令你感激或欣赏的事物，这点简单到让人惊讶。把注意力放在哪里，你的感激就会出现在哪里。你可以选择聚焦在生命中欠缺的事物，也可以聚焦在现有的事物。以下有 3 种形态的感激供你思考：

（1）每天基本需求和个人的礼物。

你头上的屋檐	交通	睡眠
阳光	健康	微笑
流水	家具	椅子
食物	咖啡 / 茶	树
行走	你的五感	电
工作	衣物	寂静

（2）人际关系为你每天带来的礼物。

朋友	家庭	照顾者
交谈	慈爱	付出
接受	亲近	笑声
同事	支持者	分享
灵性的朋友	宠物	慈悲
庆祝	共享食物	合作

（3）每天苦中作乐的礼物。

品尝“苦中作乐”的滋味，也就是对你不希望发生但却发生的事，感到喜悦或感恩。举例来说，假如你罹患感冒或流感导致无法上班，你可以感恩它强迫你放慢速度，想想怎么多照顾自己一点，并且趁机补觉。有人在工作室说她从弄丢钱包中找到乐事，因为遗失钱包使得许多人很好心地对她伸出援手。我的一位客户则是为和最要好的朋友断交而感恩，这迫使她走出去认识新朋友，她也因此认识了一名新的最要好的朋友，两人之间有更多共同点。“苦中作乐”的感恩说明人生不是非黑即白，一位圣者说过：“为生命中已经有的祷告，你将永远不会失望。”

做这练习时，想想在你生命的此刻有哪些困境，然后用不粘锅思维，看能不能找到光明和希望。有哪些“苦中作乐”的感恩正等着你？

2. 找到一句令你心有所感的喜悦金句。

被名言和尊敬的人启发，可能帮助某些人找到片刻的喜悦。使用以下其中一句名言（或者找到你自己的），启发你寻找片刻的喜悦。随身携带这句话，放在钱包、皮夹或手机里，以便一整天随时看到，保持内心的喜悦。以下几句名言可以帮助你开始：

我们过去到现在的慈爱，让这世界变得可以忍受，若不是慈爱的心、慈爱言语、慈爱表情、慈爱信件的影响，我应该会倾向认为，我们的生活是个糟糕到不能更糟的笑话。

——罗伯特·刘易斯·史蒂文森（Robert Louis Stevenson）

享受、再享受。因为我们的生命，是一个个片刻构成的。

——理查德·克斯汀（Richard Kirsten）

我相信简单、谦逊的生活态度，对每个人来说都是最好的，无论是身体或心灵。

——艾伯特·爱因斯坦（Albert Einstein）

让家中的一切都是有用的与美丽的。

——威廉·莫里斯（William Morris）

世界充满赏心悦目的泥泞和美妙的水坑。

——肯明斯（E.E. Cummings）

3.GLAD 快照练习。

GLAD 这个缩写字，是我用来寻找喜悦和平衡的方法。当你一直把注意力放在生活周遭某些正向但经常被忽视的事物时，就能发挥功效，听起来很容易吧？的确。这四个字代表感激（gratitude）、学习（learning）、完成（accomplishment）和开心（delight）。每个字代表一个可以把握的片刻喜悦。

在一天结束时写在电话或单词卡上，储存你的 GLAD 感受，然后跟别人分享。一个星期结束时，想一下你抓到了多少个喜悦的片刻。

· 感激：抓住今天某件值得感谢的事。这件事可代表上述 3 种感恩的形态之一。

· 学习：抓住你今天学到的事，例如，注意到你拥有的某种领悟或智慧。学习的意思可以是拥有如不粘锅的思维，因而在别人身上发现新的有趣事物，或是单纯因为有趣到令人好奇，而学习能带来喜悦的新事物或新观点。

· 完成：抓住你今天完成的某件事，即使只是长期目标中的一小步。我们误以为成就是必须完成超级不得了的大事，但一些最了不起的成就，却只是照顾好自己或他人之类的平常事。

· 开心：抓住今天让你大笑、微笑或喜悦的任何事，可能是一件美丽的事物、一只唱歌的鸟、一朵花、一个有趣的笑话、一个微笑、你最喜欢的颜色等。

☆

这些喜悦的练习，哪些最让你共鸣？

你可以随时跟别人分享喜悦的练习，或是问别人哪些事为他们带来喜悦或感激，这么做就是在创造喜悦的圈子。你可以跟家人或朋友把这些练习运用在哪些方面？

第二十章　现在是你和目的联结的最佳时机

“成功的秘诀，是对目标坚定不移。”

目的就像炼金师的灵丹妙药，有了目的，就有力量把最平凡的行动转变成“黄金”，当生命中的每件事都与目的一致，人生就会变得更闪亮、更有生气、更令人兴奋，也更有意义。目的就像个强有力的解决之道，能化解所有情绪杂物。目的为此刻增添光彩，让我们更有能力以明晰的心和智慧来行动。有清楚目的的人，通常能以强烈的方向感和价值观，找出提升生命的特定目标。

目的有个起点，你可以开始检视它、达到它、理解它的深度。和目的联结有 4 个步骤：第一步是检视目的在生命中的角色，诚实检讨我们在过去有或没有目的和价值，问自己以下问题：

当我回顾这一生，我是怎么偏离或根本不清楚自己的价值观和目的，以至于有意或无意对他人造成了伤害和痛苦？

这个问题并不是要创造更多情绪杂物，使你难过或心里不舒服。相反地，这是个痛定思痛的机会，也是回归正轨，朝健康和疗愈迈进的第二步。痛定思痛不是坏事，也不等于愧疚，愧疚的意思是为了某件不能被改变的事，而无谓地一再责备自己，痛定思痛是通过你对过去行为的感觉，激励你未来改变做法，通过痛定思痛，你将转向一个有目的的方向，而不是鞭笞自己，却没有做出任何实质的改变。愧疚是翻旧账，痛定思痛却是亮起红灯，提醒你停下来原谅自己，等信号灯变绿再前进。

因此，原谅是和目的联结的第三步。原谅要求我们痛改前非，从“新”开始。这不表示你忘掉就算了，而是原谅并且同时记住。原谅自己曾经给别人造成的伤害，或原谅他人曾经给你造成的伤害，是给自己的大礼物，纳尔逊·曼德拉（Nelson Mandela）说得好：“把别人想得太好，往往使他们变得比真实的更好。”

如果你能原谅他人，并且把他人想得很好，那又为什么不能对自己做同样的事？记住，没有人是完美的，如果你很难原谅自己，首先要接受生而为人，获得人的身和心并通过种种困境和考验，是件多么困难的事。如同之前说的，对苦的了解能为自己和他人带来慈悲和仁爱。抱持善意的人仍然可能犯错，人类不是机器，能够从错误中学习，是件多美好的事，也因此才给了我们适应力和希望，带领我们进入第四步——找到和目的一致的目标。既然那些英雄主角往往充满了目的，因此你该花点时间，问自己：我是怎样的英雄？我这个英雄的目的是什么？

别不好意思回答。你是否曾经停下来，思考你是自己人生故事中的英雄？当你把所谓神话或原型英雄的旅程应用到自己人生时，关键要素就在这个观点，而这也赋予我们每个人一份可以和别人分享的特别礼物，那就是我们真正的决心和热情。

通过你的英雄之旅寻找目的

神话学者也是哲学家和作家的乔瑟夫·坎伯（Joseph Campbell）彻底探查过英雄之旅的原型。基本上，我们的英雄之旅是以我们面对的困难来界定的，这是每个人都必须承担的使命，即使你很不情愿。若举现代的事例，畅销电影往往描述不真实的英雄克服艰险，为世界带来正义的故事。像是保罗·纽曼（Paul Newman）在《大审判》（*The Verdict*）中饰演落魄酗酒的律师，需要借由某件事物找回自信；在《星球大战》（*Star Wars*）中，年轻天真的卢克·天行者（Luke Skywalker）被迫面对自己的恐惧和对原始能量的信任；莎莉·菲尔德（Sally Field）在《诺玛蕾》（*Norma Rae*）中扮演在纺织厂工作的单亲妈妈，克服万难在辛苦工作的工厂组织起工会。换言之，每个英雄都有个想要达到的目的。

目的导向的英雄所经历的故事引起我们共鸣，即使在我们小的时候。想一想你最喜欢的童书，主角面临重重障碍，通过经历而成长起来。事实上，凡是将你带到新的生命领域的转变，都可被视为英雄之旅，每当你搬到新的城市，接下新的工作，结束或开始一段关系，或是面对健康问题，你都在真真实实地进行英雄之旅。

你是否曾经抗拒过开展你的旅程？这并不稀奇，因为旅程将我们带到未知的地方。这让我想到萝莉，这名罹患饮食失调的 35 岁女士。萝莉没有为她的出院做好必要的准备，也就是跟外部的治疗支持团队预约见面。对于在没有先准备好治疗支持的机构下让她出院，我们感到忧心忡忡。

结果在萝莉最后一次门诊的那一天，我在团体疗程中说明英雄之旅，我甚至在白板上画了一幅旅程的草图。当我画完时，萝莉兴奋地从椅子跳起来，她举起手大声说道：“我知道现在该怎么开始我的复原之旅了！我该去跟治疗师约诊！”英雄之旅让萝莉清楚地知道方向，她甚至在当下发现自己的目的：积极主动把自己照顾好。于是她开心地接下这个任务。

我们的一生中，做过多少次英雄类型的旅程？我个人曾经做过的英雄之旅，比我记得的还要多，每一次我都获得新的技能，并提升了正念的层次。或许我的学习速度不快，或许这次的觉醒和扫除情绪杂物之旅的本质就是如此。甚至是阅读一本书，都可以被视为一趟英雄的旅程，重点在于英雄不只是神秘的或虚构的人物，英雄是你每天在镜子里看到的那个人。以下几个例子，是我在此生中有幸而且感恩遇到的平凡英雄：

· 曾经是物质使用者（substance user），现在成为毒品和酗酒咨商师的人：她的目的是以自己的奋斗经验，帮助他人得到疗愈。

· 过去的体操运动员，后来成为教练：他的目的，是将他学到关于团队合作和竞技活动的诸多心得，回馈并帮助大家。

· 为女儿无私奉献的单亲妈妈：她的目的，是给她的孩子发展与成长的机会，尽管没有父亲的陪伴或支持。

· 所有我认识曾经面对心理健康问题的家庭：他们的目的，是寻得完整和健康，把疗愈故事分享给他人，并且自愿帮助他人［通过美国心理疾病联盟（National Alliance on Mental Illness）之类的机构］。

· 童年受虐的坚强重机骑士：他的目的，是担任国际防止虐待儿童骑车者车友会（Bikers Against Child Abuse International）的志愿者，支持并保护儿童免于受虐。

· 面对慢性疼痛的人们：他们的目的，是向他人证明自己不可思议的勇气，并且在身体的限制下找到喜悦和意义。

· 克服丈夫酗酒和虐待的女性：她的目的是能独立，并参与团体使他人从她的经验中获益。

以下我大致列出原型的英雄之旅包含的各个阶段。你在逐一阅读的时候，想想目前正在进行的旅程，或是被要求开展的旅程。也请记住旅程的种类包括了关系之旅、职场和事业之旅、为人父母之旅等。即使你同时进行着两个或两个以上的旅程，也请你选择目前对你来说意义最重大的一个旅程作为目标。

· 英雄接到召唤，要进行一趟关于个人成长的旅程或冒险。

· 这位英雄主动寻求或被动接受智者、良师或老师的帮助，他们会鼓励这位英雄跟着召唤前进。

·英雄启程，跨越从熟悉到不熟悉、从平凡到不平凡、未知又神秘的门槛。用现实世界的说法，可能是接受处置、治疗或复原疗程。

·英雄经历一次或多次试炼，其间会遇到盟友或敌人，也将接受考验。这些试炼是更成熟的开始，在试炼期间英雄必须再度将自己投入旅程中。

·英雄进入最深的深渊，忍受无比的煎熬，挑战包括面对个人最大的怀疑，这往往也象征着灵魂的黑夜。

·英雄得到宝剑以克服最大挑战，成功完成旅程。宝剑可以是正念，也可以是本书去除情绪杂物的生活工具等任何东西。

·英雄跨越门槛，回到原本的平凡世界。

·英雄回到了家。这趟旅程的经历再次深度转化了他，他将心得和智慧分享给其他人，对平凡世界的人们来说，这不啻是个宝藏和收获。

转化让旅程变得如此特别。回到家的英雄已经不可同日而语了，有了一套新的价值观和信念，使他比过去更清楚自己的目的，并了解在日常生活的平凡世界中，如何用更有建设性的和有效的方式互动。虽然每个人的目的都不同，个人旅程的内容也有差异，但找到目的的方法却有共通性，一如乔瑟夫·坎伯的名言："跟着你的福气走。"

当你省思过个人的旅程后，问自己以下问题。不管你正在旅程的哪个阶段（开始、中断或结束）都无所谓，能回答多少，就回答多少。你还是能和目的联结起来的。

· 我正在这趟旅程的什么地方？
· 如果我还没有开展旅程，是什么因素使我裹足不前？
· 我在进行旅程的时候，如何找到支持和资源？
· 我如何下定进行这趟旅程的决心？
· 哪些技术或工具能帮助我成功完成这趟旅程？
· 如果已经完成了旅程，我找到哪些智慧和目的？
· 我的旅程如何使我更清楚专属于我个人的目的？
· 即使这趟旅程还没结束，现在我可以抱持哪些目的和价值观，帮我朝着完成旅程前进？

目的是我们给别人的礼物

别被糊弄得以为目的必须是很伟大、超乎现实或是改变世界，才值得你去追求。寂天菩萨说得好：

世间一切苦，源自追求个人的快乐。
世间一切快乐，源自追求他人的快乐。

科学界曾经测试过“付出”这个永恒的智慧，证实即使是为他人达到一个微小的、明确的目的，都能帮助你活得久一点，甚至对你的脑有益。一份发表在《老人学期刊：医药科学》（*Journal of Gerontology*： *Medical Sciences*）的研究，调查设定目的对有认知障碍风险的年长者影响（年龄中数为68岁），他们将目的设定为志愿帮助年轻孩子。研究人员将受试者随机分成两组，第一组加入一个名叫“经验学生联合会”（Experience Corps）的小区计划，控制组则继续过着相同的生活。两组人在研究前后，都接受包括功能性磁共振成像（fMRI）在内等数个认知测试，来衡量脑部的活动。加入经验学生联合会的人，每个星期要花15小时教导和指导小学生识字，到图书馆帮助他们并且解决纷争。相较控制组，这群担任家教的人们在认知测试上显示显著的进步，脑部功能也有正向的变化，研究人员于是得出结论：“试验性的结果证明晚年的脑部要靠使用来提高可塑性，而研究中通过每天活动来增进健康和功能的介入行为，可能使脑部在支持执行功能的关键区域上，更具可塑性。”换言之，这份研究证明为他人达到目的的力量。

那么，比较狭隘的目的又如何呢？例如找到运动的理由。运动研究者威廉·摩根（Willian Morgan）想知道“带有目的的身体活动”，是否会提高对运动计划的忠诚度，他把研究发表在《探索》（*Quest*）期刊上。摩根发现，在他研究的人中，为运动添加目的，使对运动计划的忠诚度达到百分之百。因此，不要只是盲目地在滑步机或跑步机上激烈运动，要把身体活动和某件有意义的事整合起来，例如，带狗或其他宠物散步，走路或骑自行车去上班，或者铺设一条石径来美化后花园等，都将会对我们有帮助。为达成某个目的而去除情绪杂物和寻找平衡，有许多不同的方式，像是与他人联结，或是把目的带进日常活动和体验中。

【生活工具】目的是伙伴关系，伙伴关系是目的

假设你出门想到附近走走，或许你会觉得这是个单独一人的活动，但是请再深入想一想：出去走走让你跟许多事情发生关联，包括你穿的衣服和鞋子、天气、自然环境、附近的邻居、路上的行人、慢跑的人、骑自行车的人、汽车和卡车、你听到的声音、宠物和动物、附近一带的街道和小路等。你甚至跟你在散步时的念头建立起关系，你做的任何事都是建立关系，例如阅读这段文字。即使当我正在写这段文字时，我也感受到与读者的关系，也就是与你的关系。

无论你做任何事，问自己以下几个问题：

· 我如何创造我生命中疗愈的和慈悲的伙伴关系？

· 此时在我生命的各种伙伴关系，有什么目的？

· 我跟他人的伙伴关系，如何相互支持我们彼此的生命目标？

· 我如何创造一个能造福下一代的永续的伙伴关系和生命目的？

· 我如何与他人分享我的目的，如同他们与我分

享他们的目的，使我们每个人的目的、梦想都可以被实现？

写下一个你今天可以达成的小目标，这个目标和目的有关而且切合实际，例如，用一句亲切的话语让他人微笑，尽你所能把分内的工作做好，别人说话的时候专心听，或者做一件体贴自己的事作为对自己的慈悲和关照。

接着，写下一个明确且对你有意义的长期目标，你可以在下个星期送给某一个人或好几人。可能是花时间帮助子女、朋友或家人，可以是在当地的非营利组织担任志愿者，可以是组建一个小区团体来减少痛苦，可以是分享自己的旅程故事，以及你从中学到的事。

当你把目的与他人分享，或者问某人什么事令他有目标感时，你就创造了生命中的“目的圈”。

结束是新的开始

一如英雄旅程，我经常把每一本书的结束，想成对新开始的召唤。每段旅程都带我们回到原点，回顾我们走了多远，想着接下来会是什么。就以本书的祝福作为结语，你可以带着它一起踏上旅程。

愿我每天找到自己的强项；
愿我主宰自己的升降；
愿我对他人打开我的心和意；
让我听见所有社群的音乐；
愿我找到持久的宁静，
并从苦痛和各种情绪杂物中解脱；
愿我以慈悲帮助所有人；
走在一条没有情绪杂物、忠于当下的路上，
同时过着有目的的、简单的且喜悦的生活。